インターネット上に「部落差別」はあふれているのか

―「部落差別解消推進法」を検証する―

杉島　幸生

◆部落問題研究所◆

はじめに

２０１６年12月、「部落差別のない社会を実現する」ことを目的に掲げる「部落差別の解消の推進に関する法律」（以下、「解消法」）が成立しました。この法律の成立を求めた人たちは、「解消法」の制定が必要な理由として、インターネット上に「部落差別」を助長する表現があふれていることをあげていました。「解消法」第１条（目的）にも「情報化の進展に伴って部落差別に関する状況の変化が生じている」ことが明記されています。これはインターネット上での「部落差別」が深刻化していることを述べたものです。

なるほど、差別があってはならないということは誰しもが思うことです。「部落差別のない社会を実現」しようという法律ですから、人権を守るという立場からすれば、このような法律ができることは、結構なことだと考える人も多いことでしょう。また、インターネット上に差別的な表現があふれているのであれば、なんとかしなければと考えたとしても不思議なことではありません。

しかし、部落問題に関する当事者団体である全国地域人権運動総連合（以下、人権連）は、この法律が法案として国会に提出された際、「国民のみなさんへ―部落問題解決に逆行し同和利権を温存する『部落差別解消法案』を廃案にしましょう」（２０１６年８月30日）というアピールを出して、法案成立に強く反対しました。また、基本的人権をまもり民主主義を強めることを掲げて活動する弁護士集団である自由法曹団も「『部落差別の解消の推進に関する法律案』に反対する意見書」（２０１

6年10月13日）を発表して法案成立に反対しました。

なぜ部落差別の解消のために運動してきた当事者団体や基本的人権の擁護を掲げる法律家団体が、この法律の成立に反対したのでしょうか。当然のことですが、これらの団体も「部落差別のない社会を実現する」ことに反対しているわけではありません。人権連は、アピールの中でこの法律について「差別の解消どころか、差別の固定化・永久化になりかねない」と指摘しています。自由法曹団もその意見書で、この法律を「『部落差別の解消』をむしろ阻害することになる」と批判しました。これらの団体は、この法律が「部落差別の解消の推進に関する法律」という名称や「部落差別のない社会を実現する」という法の目的とは反対に、「部落差別の解消」に逆行し、解消の過程にある部落問題を「固定化・永久化」させることになりかねないと考えたからこそ反対したのです。

「解消法」は、その名称のとおりに「部落差別の解消」を推進するのでしょうか。ほんとうにそうであれば結構なことです。しかし、これに反対する人たちが言うように、「解消法」が、その名称とは逆に、差別の解消どころか「差別の固定化・永久化になりかねない」「『部落差別の解消』をむしろ阻害する」ものであるとすれば大変なことです。そうであるとすれば、「部落差別のない社会を実現する」ためには、まずこの法律を廃止しなければならないことになります。

私たちは、どう考えればいいのでしょうか。このブックレットは、法律の提案理由でもあった「インターネット上の部落差別」の問題を中心に、「解消法」が、ほんとうに部落差別の解消を推進するものであるのか、それとも「部落差別のない社会を実現する」ことを阻害するものであるのかをみなさんと一緒に考えていこうとするものです。

目　次

一　法案審議の過程で指摘された「解消法」の危険性

「解消法」は、与党議員からの議員立法として提案されました。このとき政党として「解消法」の成立に反対したのは日本共産党だけでした。日本共産党の反対理由も、やはり「解消法」は「差別の固定化・永久化になりかねない」「部落差別の解消をむしろ阻害する」というものでした。「解消法」を制定すること自体が部落差別を助長するというのです。当時の国会内の力関係からすれば、日本共産党一党だけが反対したとしても、そのことが法律の成立に影響を与えるということはあまり考えられないことです（日本共産党には、少々失礼な物言いになりますが、そこはお許し願いたいと思います）。

ところが「解消法」に反対する市民運動の広がりや、国会内での日本共産党議員の努力などもあり、参議院法務委員会では、「解消法」のもつ問題に関連して次のような附帯決議がなされました（傍線は引用者）。この参議院法務委員会の附帯決議は、「解消法」の危険性に触れています。参議院法務委員会において、こうした附帯決議がなされたことは人権連や自由法曹団、日本共産党などが指摘した「解消法」のもつ危険性が、その成立に賛成した政党や議員のなかでもある程度共通の理解となっていたことを示しています（衆議院法務委員会でも附帯決議がなされていますが、参議院法務委員会の附帯決議の方がより踏み込んだ内容となっています）。

部落差別の解消の推進に関する法律案に対する附帯決議（参議院法務委員会／2016年12月8日）

国及び地方公共団体は、本法に基づく部落差別の解消に関する施策を実施するに当たり、地域社会の実情を踏まえつつ、次の事項について格段の配慮をすべきである。

一　部落差別のない社会の実現に向けては、部落差別を解消する必要性に対する国民の理解を深めるよう努めることはもとより、過去の民間運動団体の行き過ぎた言動等、部落差別の解消を阻害していた要因を踏まえ、これに対する対策を講ずることも併せて、総合的に施策を実施すること。

二　教育及び啓発を実施するに当たっては、当該教育及び啓発により新たな差別を生むことがないように留意しつつ、それが真に部落差別の解消に資するものとなるよう、その内容、手法等に配慮すること。

三　国は、部落差別の解消に関する施策の実施に資するための部落差別の実態に係る調査を実施するに当たっては、当該調査により新たな差別を生むことがないように留意しつつ、それが真に部落差別の解消に資するものとなるよう、その内容、手法等について慎重に検討すること。

この附帯決議は、「過去の民間運動団体の行き過ぎた言動等」が「部落差別の解消を阻害していた要因」となっているという認識を前提に、その点に対する「対策を講ずる」ことに「格段の配慮」を求めています。つまり、「過去の民間運動団体の行き過ぎた言動等」などの「部落差別の解消を阻害していた要因」に対して、「格段の配慮」のないままこの法律を運用したのでは、「部落差別のない社会」の実現はありえないということです。

また附帯決議は、「教育及び啓発」や「部落差別の実態に係る調査」についても、その運用によっては「新たな差別を生む」危険性があることを指摘しています。「解消法」は、その運用のあり方次第では「新たな差別を生む」ものになってしまうというのです。法律の成立に際して、その法律が運用次第では法の目的とは逆の効果を生みだしてしまうことを指摘する附帯決議がなされるなどということは異例なことです。というのは、法律の実施により何らかの危険が生じることが予想されるのであれば、附帯決議などではなく、法案の審議過程においてそうした危険性をなくすための修正がなされるべきものだからです（残念ながら法案の審議過程では、こうしたことが充分には議論されませんでした）。

それでは附帯決議が指摘する「過去の民間運動団体の行き過ぎた言動等」「部落差別の解消を阻害していた要因」とはなんなのでしょうか。「教育及び啓発」や「部落差別の実態に係る調査」がもつ「新たな差別を生む」危険性とはどういうことなのでしょうか。部落差別の解消についてまじめに考えるなら、こうした点を無視するわけにはいかないと思います。

二　「部落差別の解消を阻害する要因」とは何か

1．部落問題とは何か

ブックレットの読者には、「部落問題」についてあまり知識がないという方もおられると思います。そうした方にすれば、参議院法務委員会の附帯決議がいったいどのような事態を想定しているのか、これだけを読んでもよく分からないと思います。そこで、ここでは部落問題の解決をめざして実施されてきた施策（同和行政）の歴史について少しふりかえってみましょう。

部落問題の解決を目的とする法律の制定は、今回が初めてではありません。１９６９年に「同和対策事業特別措置法」という法律が制定され、この法律に基づいて部落問題の解決のために様々な施策が実施されてきました。これを同和行政と言います。

この法律の必要性について審議するために設置された同和対策審議会（１９６０年設置／以下、同対審）は、「答申」のなかで「同和問題」（「同和問題」という言葉は、「部落問題」を行政の実施という側面からとらえたものです）について、次のように述べています。

同和対策審議会「答申」（1965年）からの抜粋

「いわゆる同和問題とは、日本社会の歴史的発展過程において形成された身分階層構造に基づく差別により、日本国民の一部の集団が経済的・社会的・文化的に低位の状態におかれ、現代社会においても、なおいちじるしく基本的人権を侵害され、とくに、近代社会の原理として何人にも保障されている市民的権利と自由を完全に保障されていないという、もっとも深刻にして重大な社会問題である。」

身分階層構造（封建的な身分制度のこと）のもとで、最下層に位置づけられた人々の共同体やその居住地域を「部落」と呼ぶことがあります。こうした地域に住む人々は、封建的な身分制度のもとで低い身分と位置づけられたことや、そうした身分に付随《ふずい》したその他のさまざまな理由から、それ以外の人々から蔑視《べっし》されたり、忌避《きひ》されたりしていました。近代社会になって封建的な身分制度がなくなったのですから、そうした人々が蔑視されたり、忌避されたりする理由はありません。ところが、そうした蔑視や忌避の意識はすぐにはなくなりませんでした。それは、そうした人々が歴史的な経緯によってあいかわらず経済的、社会的、文化的なさまざまな側面で「低位の状態」におかれていたからです。

当時は、雨が少し降れば下水が氾濫《はんらん》する、道が狭くて消防車も通れないという地域が多くありました。また、そうした地域の住民が充分な教育を受けることができず、条件の悪い職業にしかつけないということも珍しくはありませんでした。そのため封建的な身分制度がなくなっても、そうした人々に対する蔑視や忌避の意識は、なかなかなくなってはいきませんでした。同対審「答申」は、こうした状態をさして「市民的権利と自由を完全に保障されていない」と指摘しました。これがいわゆる「部落問題」です。

こうした認識のもと「低位の状態」を解消することにより、「市民的権利と自由」を回復しようとして同和行政が始まりました。「同和対策事業特別措置法」は、10年間だけ実施されるはずの時限法（※）でしたが、延長されたり、別の法律（「地域改善対策特別措置法」１９８２年、「地域改善対策特定事業に係る国の財政上の特別措置に関する法律」１９８７年）が制定されるなどして、国の同和行政は２００２年3月までの33年間にわたり継続されました。

※「時限法」とは、一定の期限を定めて施行される法律のことを言います。これに対して期限を定めず廃止されない限り続いていく法律を「恒久法」と言います。これまで同和問題に関する法律はすべて時限法でした。それは本来、行政はすべての住民を対象とするものであり、同和行政のように特定の地域、住民のみを対象とすることはあくまで例外でなければならないと考えられたからです。また同和問題は未来永劫《えいごう》続くものではなく、必要な手立てをすれば解決していくものであることも同和行政が時限法によって行われた理由でした。

2. 同和行政の大きな成果

この間に国・地方公共団体をあわせ、約16兆円という膨大《ぼうだい》な予算が同和行政に使われました。33年間の同和行政の実施により、同対審「答申」が指摘したかつての「同和地区」（※）がおかれた「低位の状態」は、生活環境その他の面で、他の地域と遜色《そんしょく》のないほどに大幅に改善されました。「低位の状態」が解消されたのですから、本来であれば、それを原因とする蔑視や忌避の意識も解消していくはずでした。しかし、実際にはそうはなりませんでした。それはなぜでしょうか。

同和行政の成果や今後のあり方を検討するために政府が設置した地域改善対策協議会は、「今後における地域改善対策について（意見具申）」（１９８６年／以下、地対協「意見具申」）において、同和行政の成果と課題を次のように総括しています。まず、同和行政の成果について見てみましょう。

※「同和地区」とは、同和行政の対象となる地域を特定するために行政機関が指定した地域のことを言います。ですから、同和行政が終結した今では、「同和地区」というものはありません。そこでこのブックレットでは、かつて「同和地区」と言われていた地域という意味で、「旧同和地区」と言うことにします。また、封建的な身分制度のもとで最下層に位置づけられた人々の共同体があった地域をさして「部落」と呼ぶことがあります。身分制度がなくなったのですから、この意味での「部落」も今では存在してはいません。つまり、「部落」はもはや歴史的な存在でしかないのです。もちろん、「部落民」などという人がいるわけでもありません。

歴史的には「部落」であっても、「同和地区」に指定されなかったところもあれば、歴史的には「部落」ではないのに「同和地区」に指定されたところもありました。そこから、「同和地区」に指定されなかった「部落」はいまでは「部落」として認識されず、「部落」でなかったはずのところが、「同和地区」に指定されたことから、いまだに「部落」として認識され続けるという現象も生じています。そのため歴史的には「部落」であった地域の住民が、「同和地区」の住民に対して差別的な意識をもったり、逆に「同和地区」の住民から差別者扱いされるというおかしなこともおこりました。部落差別がいかに根拠のないものであるのか、人為的なものであるのかがここからもわかります。

地対協「意見具申」からの抜粋

「これらの対策の推進により、同対審答申で指摘された同和地区の劣悪で低位な実態は、大きく改善をみた。生活環境の改善を始めとして、同和地区の生活実態の改善、向上が図られたことにより、現在では、同和地区と一般地域との格差は、平均的にみれば相当程度是正されたといえる。」

同和行政の実施により、「同和地区の生活実態の改善、向上が図られ」ました。そして、「現在では、同和地区と一般地域との格差は、平均的にみれば相当程度是正された」と言うことができるまでになっています。これは同和行政の大きな成果です。現在の部落問題を考える際にも、まずこのことが前提にされなくてはなりません。つまり行政が、かつて同和地区とよばれた地域やその住民に対して、部落問題に関連して生じていた格差を理由とする特別扱い（同和行政）をする必要は基本的にはなくなったということです。

3．同和行政が生みだした「新しい差別意識」

このように部落差別の原因であった「劣悪で低位な状態」は、ほぼなくなりました。ところが、地対協「意見具申」は、それに続けて、まだ「差別意識の解消が必ずしも十分進んできていない」としたうえで、その原因を次のように分析しています。

地対協「意見具申」からの抜粋

「同和地区の実態が大幅に改善され、実態の劣悪性が差別的な偏見を生むという一般的な状況がなくなってきているにもかかわらず、差別意識の解消が必ずしも十分進んできていない背景としては、昔ながらの非合理な因習的な差別意識が、現在でも一部に根強く残されていることとともに、今日、差別意識の解消を阻害し、また、新たな差別意識を生む様々な新しい要因が存在していることが挙げられる。近代民主主義社会においては、因習的な差別意識は、本来、時の経過とともに薄れゆく性質のものである。実態面の改善や効果的啓発は、その過程を大幅に早めることに貢献する。しかし、新しい要因による新たな意識は、その新しい要因が克服されなければ解消されることは困難である。」

同和行政の実施により「劣悪で低位な実態」は改善されました。これにより古い「因習的な差別意識」は、「時の経過とともに薄れゆく」ことになります。ところが「新しい要因による新たな意識」

はそうではなく、「その新しい要因が克服されなければ解消されることは困難」だというのです。参議院法務委員会の附帯決議にある「部落差別の解消を阻害していた要因」とは、このことを指摘したものです。

それでは「新たな差別意識を生む様々な新しい要因」とはどういうことを言っているのでしょうか。地対協「意見具申」は、次の4点を指摘しています。少し長くなりますが、いずれも重要だと思いますので、指摘しておきます。私が、特に注目して欲しいと考えたところに傍線を引きました。

4．主体性を失った行政機関―地対協「意見具申」の指摘 1

「第1は、行政の主体性の欠如である。現在、国及び地方公共団体は、民間運動団体の威圧的な態度に押し切られて、不適切な行政運営を行うという傾向が一部にみられる。このような行政機関としての主体性の欠如が、公平の観点からみて一部に合理性が疑われるような施策を実施してきた背景となってきた。また、周辺地域との一体性や一般対策との均衡を欠いた事業の実施は、新たに、『ねたみ意識』を各地で表面化させている。このような行政機関の姿勢は、国民の強い批判と不信感を招来している。」

同和行政の実施に際して、行政機関が当事者団体から意見を聴くことはあたりまえのことです。しかし、そこにどんな問題があり、その解決のためになにをすべきであるのかについては、あくまでも行政機関が主体的に責任をもって判断しなければなりません。そうでないと恣意的な運用がなされることになりかねないからです。ところが、同和行政に関して言えば、このあたりまえのルールが守られませんでした。それは、民間運動団体が、差別の解消を口実として、行政に威圧的な態度で迫り、それに迎合した行政機関が自主性を失って民間運動団体の言われるがままに、不公正・不合理な施策、周辺地域との均衡を欠いた事業を行うということが横行したからです。そしてそのことが、市民の中に「ねたみ意識」や「強い批判と不信感」を生みだしました。

こうした「不適切な行政運営」の一例として、法律上の根拠がないにもかかわらず、一部の民間運動団体を通じて申告すれば、市民税、固定資産税、軽自動車税などが減免されるなどといったことがあります。同じ職場で同じ仕事をしているにもかかわらず、「旧同和地区」に住む同僚は自分よりずっと市民税が低いとなれば、「ねたみ意識」が生まれるのも当然です。そうした思いは、容易に「あの人は特別だから仕方がない。あの人たちと自分は違うんだから」という「新しい差別意識」につながっていきます。地対協「意見具申」は、こうした意識をなくしていくためには、その原因となっている「不適切な行政運営」をなくしていかなくてはならないことを言っているのです。

5. 不公平・不合理な同和行政—地対協「意見具申」の指摘 2

「第2は、同和関係者の自立、向上の精神のかん養の視点の軽視である。同和問題の解決のためには、同和関係者の自立、向上が達成されなければならないが、これまでの対策においては、同和関係者の自立、向上の精神のかん養という視点が軽視されてきたきらいがある。特に、個人給付的施策の安易な適用や、同和関係者を過度に優遇するような施策の実施は、むしろ同和関係者の自立、向上を阻害する面を持っているとともに、国民に不公平感を招来している。」

民間運動団体の威圧的な態度に押しきられ、行政機関が主体性を失うことで、不公正・不合理な施策、不均衡な事業の実施という同和関係者を過度に優遇するような施策が行われてきました。それにより、同和関係者がそうした施策に依存するようになってしまいました。そのことが国民に不公平感を作り出しているということです。例えば、京都市などでは、清掃局や交通局などの現業職員について、民間運動団体の推薦した人物を優先して採用するという慣行が長年にわたり続けられてきました。こうした「同和優先」は、京都市に限ったことではありませんでした。運動団体の推薦があれば公務員に採用されるとなれば、そうしたことに期待し、依存する人がでてきても不思議ではありません。そして、そうした取扱いは、そうではない市民に不公平感を生みだしました。

6. えせ同和行為の横行—地対協「意見具申」の指摘 3

「第3は、えせ同和行為の横行である。民間運動団体の行き過ぎた言動に由来する同和問題はこわい問題であり、避けた方がよいとの意識の発生は、この問題に対する新たな差別意識を生む要因となっているが、同時に、また、えせ同和行為の横行の背景となっている。」

「えせ同和行為」とは、同和問題を口実にして、企業や行政機関などに不当な利益や義務のないことを要求する行為のことです（法務省人権擁護局のパンフレットより）。同和問題や部落差別の知識（認識、研修）の不足などを口実とした図書などの物品購入の強要、寄附金・賛助金の要求、融資や債務免除の強要、講演会・研修会への参加強要などがその例としてあげられています。

ここで気をつけて欲しいのは、「えせ同和行為」は、「民間運動団体」によって引き起こされているということです。部落差別の解消を掲げる民間運動団体が、差別があった、だから差別をなくすために必要だと言って企業や行政機関に圧力をかけ、さまざまな利益を得てきたのです。そうした民間運動団体の行為を直接、間接に見聞した市民が、「同和問題はこわい問題であり、避けた方が良い」との意識をもつようになり、それが「新しい差別意識」を生みだしているのです。

7. 自由な意見交換ができない—地対協「意見具申」の指摘 4

「第4は、同和問題についての自由な意見の潜在化傾向である。同和問題について自由な意見交換ができる環境がないことは、差別意識の解消の促進を妨げている決定的な要因となっている。民間運動団体の行き過ぎた言動が、同和問題に関する自由な意見交換を阻害している大きな要因となっていることは否定できない。いわゆる確認・糾弾行為は、差別の不合理性についての社会的認識を高める効果があったことは否定できないが、被害者集団によって行われるものであり、行き過ぎて、被糾弾者の人権への配慮に欠けたものとなる可能性を本来持っている。また、何が差別かということを民間運動団体が主観的な立場から、恣意的に判断し、抗議行動の可能性をほのめかしつつ、さ細なことにも抗議することは、同和問題の言論について国民に警戒心を植え付け、この問題に対する意見の表明を抑制してしまっている。」

なにが「差別」であるのか。それは、それぞれの立場や考え方によって違います。同じ言葉でも、どういう脈絡《みゃくらく》で話されたのかによっても違ってきます。例えば、ある母親が、まだ小さな自分の子どもに、「どこそこから向こうには遊びに行っちゃいけないよ」という話をしたとしましょう。ある人は、これを「部落」から子どもを遠ざけようとするもので、「差別」であると考えました。この母親が口にしたところが、ちょうど同和地区との境目だったからです。しかし、この母親が、まだ小さな子どもが迷子にならないよう、なにかわかりやすい目印を決めて子どもの行動範囲を制限したいと考えていただけだったとすればどうでしょうか。そうだとすれば、ごく普通に見かける親子のやりとりです。決して差別などではありません。

ところが、この母親の言葉を聞きつけた部落解放運動の活動家が、この母親の言葉を「差別発言」

であるとして、多人数でその母親の家に押しかけて、謝罪を迫まるということがあったとすれば、みなさんはどう思われるでしょうか。この話は、私の知り合いが実際に見聞したことです。その人の話によれば、父親が応対して、母親の真意を一生懸命に説明したのに聞き入れてはもらえなかったそうです。もう何十年も前のことですし、事の真相はわかりません。しかし、この話をしてくれた人の心には、「村（同和地区のこと）の者は怖い。なにをするかわからん。」という思いが強く刻まれたようでした。

民間運動団体が、一方的に差別だと決めつけ、なにが差別であるのかを確認し、集団で抗議することは、対象者の人権への配慮に欠けたものになりがちです。ほんとうに差別なのだろうかと思うようなことでも、差別だと決めつけられ、集団で囲まれて無理矢理に謝罪を求められる。部落解放運動が盛んであった地域ほどそうしたことが起こりました。そうした状況を見聞すれば、「同和問題の言論について国民に警戒心を植え付け、この問題に対する意見の表明を抑制」されたとしても無理からぬことだと思います。

地対協は、政府により設置された公的な存在です。その地対協が「意見具申」を出すにあたり、民間運動団体による運動のあり方にまで踏み込まざるを得なかったのは、同和行政をめぐって全国各地で様々な問題が噴出《ふんしゅつ》するとともに、民間運動団体による深刻な人権侵害事案が大量に発生していたからにほかなりません。先に述べたことは、決して一部の出来事というものではなかったのです。地対協は、こうした検討を重ねたうえで、これ以上同和行政を継続することは、「新しい要因による新しい差別意識」を解消するための障害になるとして同和行政の終結を打ち出しました。

8．同和行政の実施が差別を生みだすことになる

特別な施策を続けること自体が「新しい差別意識」を生みだすようになったのだから、同和行政はもう終了しなければならない、いまなお残る貧困や環境整備に対する施策は、「旧同和地区」の住民を対象とした同和行政としてではなく、一般行政としてそれを必要とするすべての住民を対象として実施すべきである、同和問題について自由な意見交換ができる環境がなければ部落問題の解消はありえない、これが33年間続いた同和行政の結論でした。

こうして１９６９年から33年間続いた国の同和行政は、２００２年３月に終了したのです。同和行政の根拠となる法律が廃止されてから10数年が経過しました。後で述べるように、一部の地方公共団体には「同和」を理由とした特別扱いがまだ残っているものの、全国的には各地で同和行政の終結が進められました。民間運動団体の行き過ぎた言動も少なくなってきました。こうしたことによって、私たちが実生活のなかで、「旧同和地区」やその住民を蔑視したり、忌避したりする言動に出くわすこともほとんどなくなってきたのです。

ところがこうした経緯を無視するかのように、２０１６年になって、突然に同和行政の実施を求める「解消法」が登場してきたのです。これにより地対協「意見具申」が述べたようなことが再現されるのではないかと心配されたのは当然のことです。参議院法務委員会において附帯決議がなされたのも、たまたまのことではありません。ところが附帯決議はなされたものの、「解消法」自体はこうし

た問題点を回避する道筋についてなにひとつ示してはいません。「新しい要因」を残したまま、新たな同和行政に踏み出せば、「新しい差別意識」が拡大していくことになりかねないのです。

三　確認・糾弾路線はなにを目的としていたのか

地対協「意見具申」のなかに「確認・糾弾」という言葉がありました。地対協「意見具申」が指摘する「民間運動団体の威圧的な態度」「行きすぎた言動」とは、このことを言ったものです。この「確認・糾弾」が引き起こした最悪の事件に「八鹿高校事件」があります。ずいぶんと昔のことなので、そのとき何があったのかをよく知らないという方もおられるのではないでしょうか。ここで少し「八鹿高校事件」について振り返ってみたいと思います。

八鹿高校事件とは、部落問題に関する国内最大の民間運動団体である部落解放同盟（※）が、1974年11月22日にひき起こした集団リンチ事件のことです。部落解放同盟は兵庫県八鹿町（当時）の県立八鹿高校内に部落解放研究会の設置を求めましたが、八鹿高校の教員らは校内にすでに部落問題研究会が存在していること、部落解放同盟の要求は学外の団体による教育への介入であることなどを理由として、部落解放同盟の要求を拒否しました。ところが部落解放同盟はそれを差別であるとして、約２００名の運動員を動員し、「差別糾弾闘争」と称して八鹿高校の教員約50数名を体育館に監禁して殴《なぐ》る蹴《け》るの暴行を働いたのです。そこでどのようなことがあったのか。被害を受けた先生方が、部落解放同盟の幹部を相手方として提訴した損害賠償請求事件の判決から、その事実認定部分を見てみましょう。少し長くなりますが、ぜひ読み通していただきたいと思います。

※１９４６年に結成された部落解放全国委員会は、１９５５年に部落解放同盟と改称されました。部落解放同盟は、部落差別の解消を目的に掲げる国内最大の民間運動団体です。現在でも部落差別が根強く続いているとして、その解消のためには「部落解放基本法」を制定し、同和対策事業（同和行政）を継続しなければならないと主張しています。部落解放同盟は、今回の「解消法」を「部落解放基本法」の一部を実現するものと評価し、「解消法」の実効化を求める運動に力を入れています。

神戸地方裁判所豊岡支部１９９０年３月28日判決（『判例時報』１３５０号、１０７頁からの抜粋）

１　承継前原告（59）亡丙川夏夫、原告（60）茂田冬夫、同（61）丙野一夫の三名を除く原告ら八鹿高校教職員が前記立脇履物店前路上にスクラムを組み座り込んでいると、これを取り囲んだ約二〇〇名の解放同盟員らが、散発的に頭部や胸部を殴打する等の暴行を加えていたが、間もなくして被告丸尾が、現場に停車中のいわゆる解放車の上からマイクで、「四人一組になってごぼう抜きにし、バラバラにして学校の体育館に連れ戻せ。」と指示すると、多数の解放同盟員らが一斉に原告らに襲いかかり、原告番号１ないし26、28、30ないし58の各原告及び承継前原告（27）亡甲野太郎、同（29）

亡乙山春夫の合計五八名に対し、別表第三（不法行為態様一覧表）記載（「立脇履物店前及び付近路上」の欄）のとおり、スタラムを組んだ腕、頭や顔などを手拳で殴打したり土足で蹴り上げるなどの暴行を加えてスクラムを解かせ、無抵抗の原告らの腹、腰、背中、大腿部など所かまわず土足で蹴りつけ踏みつけるなどの暴行を加え、学校に連行するために原告番号1ないし26、28、30ないし52の各原告及び承継前原告（27）亡甲野太郎、同（29）亡乙山春夫の合計五二名に対し、手、足、頭髪、えり首を掴んで一人ずつ隊列から引きずり出し、腕、足等を持って引きずりマイクロバス又はトラックに乗せ、あるいは両腕等を取って徒歩で連行するなどして、同日午前一〇時ころまでに約三〇〇メートル離れた同校（養父郡八鹿町九鹿八五番地）第二体育館（旧体育館）に連れ込んだ。なお、原告番号53ないし58の各原告は、立脇履物店前で右暴行を受けたものの、付近の商店に逃げ込んだり救出されるなどして、その後の被害は免れた。

2　八鹿高校に連れ戻された右原告ら五二名が第二体育館にほぼ揃ったころ、被告丸尾が「一人一人バラバラにして糾弾せよ。」と指示すると、これを受けて原告ら一人ずつを数名の解放同盟員らが取り囲み、スピーカーを耳元近くにあて、「何で解放研と話し合わない。」「何故解放研を認めない。」などと怒鳴り、原告らの頭、背中、脇腹、大腿部等を殴る、蹴るなどし、頭髪を鷲づかみにして引きずり回し（このため、頭髪が束になって抜けた原告らもいた。）、あるいは頭を壁に打ちつけ、冷水をバケツで頭から浴びせ、胸ないし背中にも流し込むなど、別表第三（不法行為態様一覧表）記載（「第二体育館」の欄）のとおり、原告らの精神的、肉体的限界に達するほどの暴行を加えたために、この段階で意識不明になる者すら出る状態であった。

3　その後、原告らは本館二階の会議室や解放研部室に連行されたが、解放同盟員らは、ここでも原告らに対し、前記の方法による暴行のほか、牛乳瓶で頭を殴る、鉛筆を指の間にはさんで締めつける、南京錠で頭・顔を殴る、メリケンサックで顔面を殴打する、タバコの火を顔にこすりつけるなど、別表第三（不法行為態様一覧表）記載（「本館二階会議室」「解放研部室」などの欄）の一段と凶暴かつ凄惨な暴行を加えた。このように、第二体育館、本館二階の会議室、解放研部室等における糾弾の結果、人事不省に陥った原告らは救急車で病院に運ばれたりしたが、解放同盟員らは激しい糾弾を加えつつ、原告らに「自己批判書」の作成を強要し、その結果、別表第四（監禁強要一覧表）記載（「自己批判書等の作成」の欄）の各原告ら合計三六名は、それぞれの意思に反して、「解放研生徒と話し合わなかったことを反省する。」「今までの同和教育は誤っていた。」「今後は解放同盟と連帯して部落解放のために闘う。」などという趣旨を記載した自己批判書又は確認書の作成を余儀なくされた。

4　その後午後一〇時ころ、解放同盟員らは校内に残った原告（1）戊原ら二九名の教職員を同校第一体育館に連行して「総括糾弾会」を開き、右原告らを多数の解放同盟員らと対峙する形で前に整列して座らせ、被告丸尾の司会のもと、被告山本が総括的な挨拶をし、ついで被告丸尾が原告らに対し、自己批判書又は確認書を振りかざして自らの意思で書いたものであるとの確認を強要した。その後、被告丸尾は、解放研生徒のハンガーストライキを中止させて生徒たちを糾弾会場に入場させ、自ら八鹿高校差別教育糾弾闘争は勝利した、闘争はこれで終了する旨の宣言を行った。かくして「総括糾弾会」は午後一〇時四五分ころ終了し、原告らもようやく解放された。

5　その間、解放同盟員らは、別表第四（監禁強要一覧表）記載（「監禁時間」の欄）のとおり、原告一人につき約一時間ないし一二時間四五分にわたり、原告番号1ないし26、28、30ないし52の各原告及び承継前原告（27）亡甲野太郎、同（29）亡乙山春夫の合計五二名を同表記載（「主な監禁場所」の欄）のとおり、八鹿高校第二体育館、本館二階会議室、解放研部室、休養室及び第一体育館などに監禁し、また前記1ないし3記載の一連の暴行により、原告番号1ないし3、5ないし8、10ないし12、15ないし25、30ないし54、57の各原告及び承継前原告（29）亡乙山春夫の合計四八名に対し、別表第五（傷害一覧表）記載のとおり、治療期間およそ一週間から二か月にわたる傷害を負わせた。

まさに戦慄すべき凄惨《せいさん》さです。それでは部落解放同盟側は、この裁判の過程でどのような反論をしていたのでしょうか。裁判所の判断とあわせて見ていきたいと思います。なお、ここで「被告ら」とあるのはリンチ事件を起こした部落解放同盟の幹部たちのことです。

神戸地方裁判所豊岡支部1990年3月28日判決からの抜粋

「被告らは、解放同盟員らによる本件行為は原告ら八鹿高校教職員の差別行為に対する糾弾であるとし、被差別部落民には糾弾権があること、八鹿高校の同和教育は差別教育であったこと、また、原告らがあくまで解放研を承認せず、解放研生徒との話合いを拒否して集団下校したことは、被差別部落民に対する差別行為であったから、本件程度の糾弾は正当行為として容認される筈である旨主張する。しかし、被告ら主張の糾弾権なるものは実定法上何ら根拠のないものであるばかりか、八鹿高校の同和教育についても、その概要は前認定（二の3の項）のとおりであり、これによれば同高の同和教育は、本件当時、高等学校の教育課程としてみれば、一応の取組みができていたものと評価することができ、少なくとも部落差別を温存助長するような差別教育でなかったことは明らかである。」

部落解放同盟が差別であると考えれば、それを認めない限り、殴る蹴るの暴力を振るうことも「正当行為として容認される」という彼らの論理はおよそ許しがたいものです。裁判所が彼らの主張を一《いっ》蹴《しゅう》したのも当然です。しかしながら、部落解放同盟は、現在もその糾弾闘争路線の誤りを認めていません。部落解放同盟は、その「糾弾闘争路線」を次のように位置づけています。

部落解放同盟中央委員会「差別糾弾闘争のあり方」（『部落解放』257号64頁からの抜粋）

「確認・糾弾会は、被差別者が、差別者の行った事実及びその差別性の有無を確定し、差別の本質を明らかにしたうえで（確認）、差別者の反省を求め、これに抗議し、教育して人間変革を求める（糾弾）とともに、その追及を通じて、関係者、行政機関などに、差別の本質と当面解決を迫らねばならない課題を深く認識させる場である。」

八鹿高校事件は、部落解放同盟の誤った糾弾闘争路線の頂点をなした事件でした。ところが、これほどまでの事件を引き起こしながら、部落解放同盟は、いまだにこの差別糾弾闘争という方針を維持しています。「差別糾弾闘争のあり方」からは、「①差別事象を発見する、②差別者に差別であることの確認を求める、③関係者や行政機関に当面の解決を迫る」という論理の流れを読みとることができます。この方針のもとで、「当面の解決」を迫られた行政機関は、「民間団体の威圧的な態度に押し切られて、不適切な行政運営を行う」ようになり、次々と「個人給付的施策の安易な運用や、同和関係者を過度に優遇するような施策の実施」が積み重ねられてきてしまったのです。

部落解放同盟員にとっては、こうした運動は「部落差別」を解消するためのものなのでしょうし、第三者からみれば、「不適切な行政運営」と思われるものであっても、それは運動が勝ち取ってきた「成果」だということなのでしょう。確認・糾弾闘争路線は、部落差別の存在を確認し、これまでの成果を維持したり、あたらしい成果を得るためにはまだまだ必要だということだと思います。

しかし、こうした運動は、市民の間に「強い批判と不信感」「不公平感」を生みだします。しかも「何が差別かということを民間運動団体が主観的な立場から、恣意的に判断し、抗議行動の可能性をほのめかしつつ、さ細なことにも抗議する」ことを知っている市民は、そうした思いを口にすることができません。こうして「民間運動団体の行きすぎた言動」が「同和問題はこわい問題であり、避けた方が良い」という意識を生みだしていきました。そうしたことが「新しい要因」となって「新たな差別意識」を生みだすとともに、「差別意識の解消を妨げている決定的な要因となっている」のです。

もちろん部落解放同盟は、「旧同和地区」の住民のすべてを組織しているわけではありませんし、部落解放同盟の関係者すべてが確認・糾弾闘争路線を支持しているわけでもないようです。また人権連は、こうした部落解放同盟の確認・糾弾闘争路線に強く反対しています。部落解放同盟の誤った方針を理由に、「旧同和地区」の住民すべてを「こわい」存在と考えることは行きすぎた見方であり、

「偏見」だと思います。しかし、部落解放同盟は、差別解消を大義名分にして各地で暴力的な差別糾弾闘争を実施してきました。それを見聞した住民が、「同和問題はこわい問題」との意識を持つのは自然なことであり、それは十分に理由のあることです。こうした「新しい差別意識」は、差別はいけないと指摘するだけではなくなりません。「新しい差別意識」をなくすためには、その理由となっている「新しい要因」をなくしていかなければならないのです。

このことは、現在インターネット上で起きていることを考えるにあたっても忘れてはなりません。かつての部落解放運動の誤りに目を向けない「部落差別の解消」のためのとりくみなど、私に言わせれば「欺瞞《ぎまん》」というほかはありません。

四　インターネット上には「部落差別」があふれている？
―ヤフー知恵袋を見てみると―

1．現実社会では、ほとんど部落差別はなくなっている

「解消法」に賛成する人たちは、インターネット上には「部落差別」があふれていると言います。

例えば、近畿大学人権問題研究所主任教授である北口末広さんは、『ネット暴発する部落差別』（解放出版社、２０１９年）という著作のなかで、「いまや部落差別事件の九九％以上がネット上で発生・発覚しているという状況にある」と言っています。現在の部落差別のほとんどが、インターネット上で行われているというのです。著作名からして、北口さんはインターネット上で差別事件があふれていることを強調しようとして、このように書いたのだと思います。そのことについてはこれから述べますが、その前に、私はこの北口さんは実はとても重要なことを言っていると思います。というのは、この指摘は、インターネットを離れた現実社会では部落差別はほとんど発生していないという認識を前提にしているからです。

２００２年３月に国の同和行政が終結し、部落解放同盟をはじめとする「民間運動団体の行きすぎた言動」もだんだんと収まってきました。それとともに、現実社会では部落差別はほとんど問題にならないほど解消してきています。地対協「意見具申」が指摘したように、「因習的な差別意識」は「時の経過とともに薄れて」いき、「新しい要因による新しい差別意識は、その新しい要因が克服されることによりほぼ解消しつつあるということです。すでに、部落問題は最終的な解決の過程にさしかかっているのです。北口さんの指摘は、そのことのあらわれです。「解消法」に反対している人たちは、せっかく解消しつつあった「新しい差別意識」が、「解消法」の実施により新たに再生するのではないかと危惧しているのです。

2. ネット社会には「部落差別」があふれているか

　ではネット社会ではどうなのでしょうか。ほんとうに部落差別にあふれているのでしょうか。「解消法」の活用を求める立場からインターネット上の差別問題について旺盛に講演活動を行っている一般社団法人山口県人権啓発センター事務局長の川口泰司さんは、『ネットと差別扇動』（解放出版社、２０１９年）という対談本のなかで、公益社団法人反差別・人権研究所みえ（以下、「人権研究所みえ」）が２０１３年に実施した「ヤフー知恵袋」についての調査結果を引用して、次のように述べています。この調査は、「人権研究所みえ」が、ヤフー知恵袋で「同和」という単語で検索してヒットした上位１０００件を分析したものだということです。

『ネットと差別扇動』からの抜粋

「そのうち（上位１０００件の質問のこと―引用者）の三分の一が『部落差別は今もあるのですか?』とか、『被差別部落の歴史を教えて下さい』などの知識を問う質問でした。そして三分の一は、『部落って怖い地域なんですか?』とか、『部落は部落外の人と結婚できないから、部落同士で結婚して障害者がたくさん生まれるんですか?』など、質問自体がもう差別と偏見に満ちたものになっています。残りの三分の一は、結婚などに関する様々な相談ごとになっています。ショックなことに、質問に対するベストアンサーの約７割が、差別や偏見に基づく回答だということです。」

上位１０００件の質問のうち約33％の質問が「差別と偏見に満ちたもの」であり、すべての質問に対するベストアンサー（もっともすぐれた回答）のうち70％が「差別と偏見に満ちた回答」だというのです。なんだかとっても大変なことになっているようです。ではほんとうのところはどうなのでしょうか。「百聞は一見にしかず」という言葉があります。百回聞くより一回見るほうがよくわかるということです。そこで私は、「人権研究所みえ」にならって、ヤフー知恵袋で「同和」という言葉で検索をかけてヒットした上位２００件を集約してみました。「人権研究所みえ」が調査した１０００件には及びませんが、おおまかな傾向をみるためには充分な件数だと思います。実施日は、２０１９年11月29日です。

まずは、２００件の質問を分類しなくてはなりません。しかし、それは無理であることがすぐにわかります。というのは、「知識を問う質問」「結婚などに関する様々な相談事」などは質問内容を読めばわかりますが、「差別と偏見に満ちた」質問については、なにが「差別」であり、なにが「偏見」であるのかを区別する基準が示されていないからです。これではその区別は恣意《しい》的にならざるをえません。私が引用した『ネットと差別扇動』は対談本ですから、たまたまそうした基準が話題とならなかったのかもしれないと思い、同じ調査に言及している川口さんの『ネット時代の部落差別』（公益社団法人福岡県人権研究所、２０１９年）という著作や、ホームページ上での発言（「インターネットと部落差別の現実」ＳＮＯＤＯＳ、２０１７年）も確認してみましたが、そこでも「差別と偏見に満ちた」質問や回答の判断基準は示されてはいませんでした（※）。判断基準が示されていなければ、その調査の正確性を検証することもできません。私は、社会調査としては、それだけで失格だと思います。

※本来なら原典にあたるべきなのでしょうが、川口さんの各著作では、「人権研究所みえ」の調査結果とあるだけで、その調査が発表されている文献などの表示がなく原典にあたることができませんでした。

また「差別」と「偏見」を単純に同一視していることにも疑問を感じます。「偏見」には、単純な誤解や知識がないことからくるものもあり、そのすべてを差別を助長するものと評価することはできません。そして「偏見」のなかには、先にも述べたようにそれなりの理由のあるものもあるからです。意識状況の調査であれば、地対協「意見具申」が指摘している「因習的な差別意識」と「新しい差別意識」とを区別して分析する必要があると思いますが、その点への言及もありません。こうした点から、私は「人権研究所みえ」の調査結果をそのまま受け取ることはできないと考えています。

3. 部落差別はのりこえられつつある

せっかく200件の質問と回答をとりだしたのですから、そのままにしておくのはもったいないことです。そこで少し視点をかえて、まず上位200件から「結婚（交際）」に関する質問を取り出して、質問とベストアンサーの内容について、結婚を進めよう、差別を乗り越えようとする内容となっているのか、それとは反対に、結婚することに否定的な内容となっているのかについて検討してみました。ここで「結婚」をとりあげたのは、最後まで残る部落差別は結婚をめぐる問題だと言われているからです。

上位２００件のうち「結婚」に関する質問は「30件」（15・０％）ありました。この30件の質問をより詳細に見てみると、多くが自分または相手（あるいは知人）が、「旧同和地区」の出身者であり、そのことが理由で親族から結婚（交際）を反対されているが、どうしたらいいかという質問でした。「23件」ありました。

この「23件」の質問のうち、反対を受けながらも「私の気持ち的に納得が出来ません」「同和だろうとなんだろうと彼が好きだし彼の両親も好きです。結婚するなら彼しか考えられないです」「何がなんでも今の彼と結婚したいです」など、問題を乗り越えて結婚・恋愛を成就させたいという前向きなコメントが記載されている質問が「13件」ありました。確かにこうした質問のなかには、部落問題についての誤解やある種の偏見を読み取ることができるものも含まれています。しかし、なんの偏見もなければ親族の反対にあったとしても結婚について悩むことは少ないでしょうから、そのこと自体はごく自然なことです。私は、むしろそれを乗り越えたいという「思い」が示されていることを重視すべきだと思います。

さきの「23件」のうちの「10件」は、自分の「思い」についての記載はなく、親族の反対にあったがどうすればいいのか、親族が言うようなこと（差別されるようなこと）が実際に起こりうるのかなどという質問でした。親族の反対にあってすぐに結婚をあきらめてしまうようなら、こうした質問をすることもないでしょうから、これらの質問もそのすべてを否定的に評価することはできないと思います。

では、この「23件」の質問に対するベストアンサーはどうでしょうか。「あそ、なんだそりゃ〜、そんなのが昭和世代には大事なのね〜　で笑っちゃっていいじゃないですか」というような軽いのりのものから、質問者を叱咤激励《しったげきれい》しようとするものまで、濃淡《のうたん》はありながらも「16件」が問題を乗り越えて結婚を成就させることをすすめようとするものでした。残る「7件」の回答のうち、「3件」が質問者がそうしたことが気になるなら結婚は難しいのではないかと言うもの、「2件」が結婚についての答えを出していないもので、相手が「旧同和地区」の出身であることを理由に別れをすすめる回答は「2件」でした。

残る質問は「7件」ですが、うち「3件」が結婚相手の出身を理由に差別されることがあるのかという一般的な質問、「1件」がなぜそうした差別があるのか理解できないというもの、「1件」が相手方が「旧同和地区」の出身であれば別れたいので、そのことを確認する方法はないかという質問でした。残る「2件」は、「同和」という単語は出てくるものの、部落問題とはあまり関係ないように思える質問でした。最後の「2件」以外の「5件」の質問に対するベストアンサーは、「4件」が問題の克服をめざそうとするもの、「1件」がむずかしくて答えをだせないとするもので、「旧同和地区」の出身であることを理由に結婚を回避することをすすめるものはありませんでした。相手方が「旧同和地区」の出身であれば別れたいので、そのことを確認する方法はないかという質問に対するベストアンサーは、質問者を厳しく批判するものでした。

今回、私が調査した「結婚」に関する「30件」の質問とベストアンサーを見る限り、インターネット上でも、いろいろ悩みながらも差別を克服したい、克服すべきという健全な市民感覚が存在していることを確認することができました。これは積極的に評価するべきであって、そのやりとりの一部に同和問題に対する誤解や偏見が含まれているからといって否定されるものではないと思います。

川口さんは『ネット時代の部落差別』で、「みんなの回答は、『やめとけ、そんな同和地区の人と結婚したら、大変な事になるぞ』というアドバイスで、彼女は不安になって身を引きます」と書いています。しかし実際に調べてみると、そうした回答はむしろ少数であることがわかります。

また「人権研究所みえ」の調査では、「結婚」に関する質問数は全体の「5・7％」とのことでした。私の調査（15・0％）とは、調査の時期が違うとはいえ、ずいぶんと割合が違います。おそらく「人権研究所みえ」の調査では、「結婚」に関する質問の相当数を、「結婚」ではなくて「差別と偏見に満ちた」質問（同調査では約33％）にカウントしているのではないかと思います。しかし、こうした分類では、インターネット上に現れている質問者、回答者の認識を確認することはできないのではないでしょうか。

総務省が1993年に実施した「同和地区実態把握等調査」では、25歳未満の夫婦のうち「夫婦とも同和地区出身者」という夫婦の割合は、24・5％です（80歳以上の夫婦では、79・4％）。若い世代ほど同和地区出身者以外の者と結婚していることがわかります。この傾向は、今ではより進んでいるのではないかと思われます。最後の差別と言われた結婚についても、部落差別は、意識のうえでも実際にもなくなってきているのではないでしょうか。

4. 結婚以外の質問では

では、「結婚」以外の「170件」の質問は、どのようなものなのでしょうか（次頁の表参照）。どうわけるべきなのか迷うものもありましたが、おおまかに分類すると次のようになっていました。同和問題ってなんですか、差別ってまだあるんですかなどの「知識を問う」質問が一番多くて「59件」（34・7％）、次いで「同和行政」に関連する質問が「40件」（23・5％）、「教育」に関連する質問が「26件」（15・3％）、同和団体やその運動のあり方に関連する質問が「13件」（7・6％）、不動産購入に関する質問が「8件」（4・7％）、「同和地区」の所在を聞く質問が「7件」（4・1％）、自分の意見を表明するものが「5件」（2・9％）、その他（就職・近所づきあいなど）が「12件」（7・1％）でした。

次に、これらの質問とそれに対するベストアンサーを、「差別や偏見に基づく」ものかどうかという視点ではなく、「旧同和地区」やその住民に対する蔑視や忌避などの感情を読みとることができるものと、地対協「意見具申」が「新しい要因」として指摘していた点について批判的に言及されているものや疑問を示しているものとに分けて、それぞれ取り出してみました。その結果は、次のとおりです。

上位200件から「結婚」に関する質問の「30件」を除いた「170件」のうち、「旧同和地区」や住民に対する蔑視や忌避の感情がはっきりと、あるいはそれなりに読みとることができるものは、

	蔑視・忌避	批判・疑問	その他	計
知識を問う質問	2	1	56	59
ベストアンサー	4	8	47	
同和行政に関する質問	0	28	12	40
ベストアンサー	1	27	12	
教育に関する質問	1	6	19	26
ベストアンサー	0	9	17	
運動に関する質問	1	4	8	13
ベストアンサー	1	5	7	
不動産購入に関する質問	0	0	8	8
ベストアンサー	2	0	6	
「地区」の所在を問う質問	1	0	6	7
ベストアンサー	0	2	5	
意見表明	0	0	5	5
ベストアンサー	0	0	5	
その他(近隣関係・就職など)	0	0	12	12
ベストアンサー	1	0	11	

	蔑視・忌避	批判・疑問	その他	計
「結婚」以外の質問	5	39	126	170
ベストアンサー	9	51	110	

質問で「5件」（2・9%）、ベストアンサーで「9件」（5・3%）でした。

こうしてみると、どういうものが「差別や偏見に基づく質問」や「回答」にあたるのかという基準を明らかにすることなく、インターネット上では部落差別が「暴発」しているなどと言うことは、ミスリードではないかと思います。

また私の調査では、地対協「意見具申」

が指摘していた「新しい要因」に関連するものが、質問で「39件」（22・9％）、ベストアンサーで「51件」（30・0％）あることがわかりました。「新しい要因」の解消なしに、部落差別の解消はありえないことがあらためて確認できるかと思います。ところが「解消法」推進派の著作には、地対協「意見具申」が指摘している「新しい要因による新しい差別意識」について触れたところがほとんどありません。参議院法務委員会の附帯決議に対しても、ほぼ沈黙しています。こうした意見を批判として受けとめて反省するのではなく、「差別と偏見に基づく」質問や回答であるとして切り捨ててしまうのでは、決して「新しい差別」はなくならないのではないでしょうか。

ちなみに川口さんは、『ネット時代の部落差別』で、ベストアンサーの「7割が、『部落は怖い』とする差別回答が採用されている」と紹介してます。しかし、これは事実に反しています。読者のみなさんは、ぜひご自分でも確認していただければと思います。また川口さんは、同じ著作で「『明らかにデマで偏見を助長している回答』に『いいね』が300件つき」などとも指摘しています。差別的回答が世間に受け入れられているということを言いたかったのだと思います。

しかし、私が確認した上位200件では、ベストアンサーに対する「ナイス」（ヤフー知恵袋では「いいね」でなく、「ナイス」と言います）は、最高で「25件」でした。しかも、そのときのベストアンサーは差別を助長するようなものではありませんでした。川口さんが指摘しているのが同和問題に関する回答についてのことであるなら、それは事実ではありません。川口さんには厳しい言い方かもしれませんが、川口さんの指摘には、事実をそのまま伝えるのではなく、過大に表現しているものが多く見受けられます。

5. ネットと現実社会を同一視できない

読者のなかには、そうは言っても「旧同和地区」や住民に対する蔑視や忌避などの感情を読みとることのできるものが「5・3％」もあるじゃないか、この「5・3％」は「氷山の一角」であって、その背後に膨大《ぼうだい》な差別的な意識をもつ人々がいるのではないかと考える人もおられると思います。しかし、「ヤフー知恵袋」で差別的な見解を述べる人が「5・3％」いるからといって、現実社会に住む人の「5・3％」がそうした意識をもっていると言うことはできません。

このように言えるためには、①現実社会に住む人々、②インターネットを利用する人、③ヤフー知恵袋を利用する人、の意識分布の構成が近似していることが前提条件となります。この①②③の間には、そうした意識分布の近似性を保障するものはなにもありません。

よくインターネットで「世論調査」がなされることがありますが、世論調査の専門家の間では、インターネットでは、調査したい人たち（現実社会の人々）と、実際に調査できる人（インターネット上の人々）たちとの間の意見分布の近似性を確保することができないことから、正確な世論調査とはなりえないというのが定説となっています。先の「5・3％」は、日常的にヤフー知恵袋に回答をする人であって、かつ、部落問題に関心のある人のなかに、そうした人が「5・3％」いたということを示すだけのものでしかありません（重複の可能性を考えるともっと少ないのかもしれません）。そして、そうした人たちは、現実社会に住む人たちのごく一部でしかありません。インターネット上での差別事象をいくら数えてみても、現実社会における差別の実態を検証することはそもそもできないのです。

いやいや、いまは「5・3%」でも、やがてがん細胞のように広がっていくのではないか、そう心配する人もいるかもしれません。しかし、こと部落問題について言えば、そうした傾向があるとは言えないと思います。インターネット上の世論が、現実社会での世論になっていく過程についての研究によると、人はインターネット上の表現だけをみて感化されていくのではなく、インターネット上での意見表明がネット上でつながって一種のコミュニティを作り出し、それを現実社会でマスコミや雑誌などがとりあげるようになり、ネット社会と現実社会が相互参照をするようになってはじめて現実社会での「世論」となっていくということがあきらかにされています。

確かに最近の嫌韓《けんかん》ブームなどを観察すると、まず嫌韓本に影響されてインターネット上に差別的な表現が登場し、それをさらに雑誌やマスコミがとりあげ、それがインターネット上であらためて引用され、それがさらに現実社会で取り上げられるということが繰り返されるという構造があるように思います。幸いなことに部落問題に関するインターネット上の世論は、私が確認したように「旧同和地区」やその住民に対する蔑視や忌避の感情にあふれているというようなものではありませんし、現実社会で雑誌やマスコミがそれを参照して世論形成をしているというような状況にもありません。

もちろん、今でも「旧同和地区」やその出身者に対する偏見が完全になくなったわけではありませんが、部落差別は不合理なものであり、あってはならないものだということは、日本社会のほぼ共通認識となっており、そう簡単に崩《くず》れるものではないように思います。

五　さらに検証を続けてみると

1．ウィキペディアを見てみると

実際に検証をしてみると、ヤフー知恵袋をめぐる「解消法」推進派の主張を額面どおりに受けとることができないことがわかります。では、その他の点ではどうでしょうか。ここでもう一度、川口さんの著作である『ネット時代の部落差別』に立ち戻りたいと思います。川口さんは、インターネット辞典である「ウィキペディア（Ｗｉｋｉｐｅｄｉａ）」をとりあげて、次のように言っています。

『ネット時代の部落差別』からの抜粋

「たとえば、『Ｗｉｋｉｐｅｄｉａ』の『部落問題』という項目のなかに『被差別部落と暴力団』という記述があります。このなかで『ご承知のとおり、山口組のなかの七〇％は部落民と言われている』『福岡市内に横行するやくざ、不良、チンピラ、パチンコ屋、用心棒の多くは部落民だ』という解説が書かれています。もっともらしく出典も示してあるので、これを読んだ人はあたかも客観的論拠に基づく情報であるかのような錯覚に陥ってしまいます。」

　では「ウィキペディア」は、実際にはなにを書いているのでしょうか。確認してみると、確かに川口さんの引用されている記述がありました。「ウィキペディア」によると、この前半の記述は、部落解放同盟埼玉県連の幹部であった故植松安太郎さんが、『人間解放をめざして』（創樹社、１９７７年）という著作のなかで語った言葉だそうです。また後半の記述は、部落解放同盟中央本部の事務局長をつとめ、その後、全国部落解放運動連合会（現在の人権連）の書記長をつとめた故中西義雄さんの『部落の民』（潮文社、１９５７年）から引用したものということです。

　これらの記述は、いずれも部落差別の解消をねがう立場で活動してきた人たちが、そうした立場からご自身の体験にもとづいて暴力団関係者に「旧同和地区」の出身者が多いということを語ったものです。こうした人たちがあえて事実と異なる発言をする理由はないはずですから、実体験にもとづいたそれなりに根拠のある発言だと考るべきだと思います。これを「間違い」と断じることはできません。また「ウィキペディア」のこの項目は、「えせ同和行為や、一部の関係者が暴力団化することも部落問題の解決を遅らせる一因となっている」という問題意識のもとで書かれています。

　こうした問題を論じるときに、暴力団との関係に着目することは決しておかしなことではありません。「七〇％」かどうかは別として、暴力団関係者のなかに少なくない「旧同和地区」出身者が含まれているのであれば、それを指摘することを差別だとは言えません。また、そうしたことに触れる際に、部落解放運動の指導的立場にあった人物の文献を引用して確認している「ウィキペディア」の立場も決して偏ったものと言えないと思います。しかも、「ウィキペディア」は、先の故中西義雄さんの発言につづけて、「だが、彼らとしても好んで、やくざや用心棒になったのではない。根本的な原因は、部落民であるということだけで、就職の自由がないからである」との引用を続けています。差別ゆえに思うような仕事につくことができず、生活のためにやむなくアンダーグランドの世界に身を投じざるをえなかったことに思いをはせて欲しいという指摘です。

読者のみなさんは、こうした記述の全体をみて、差別や偏見を助長するものと思われるでしょうか。私はそうは思いません。それは、かつて「旧同和地区」の住民らがおかれていた過酷な状況を示す事実を記述したものだと考えるからです。事実から目を背けても問題の解決には繋がりません。もちろん、これを偏見だと考えるのは個人の自由です。しかし、私は、それを偏見だと切り捨てるのではなく、まず事実を事実としてとらえ、なぜそうした事実が生まれてきたのか、今、その事実はどうなっているのか、今を生きる私たちがそのことをどう受けとめるべきなのかを考える過程こそ「新しい差別意識」を解消していくことにつながると考えています。こうした記述を差別・偏見と決めつけ排斥《はいせき》しようとする姿勢は、問題の解決を遠ざけてしまうのではないでしょうか。

2. 隠すことでは解決しない

川口さんは、さらに次のように述べています。

『ネット時代の部落差別』からの抜粋

「実際、ある高校で、次のようなことがありました。人権教育の公開授業で、ある班の子たちが同和問題をテーマに調べてこう発表しました。『なぜ今も部落差別が残っているのか。部落には差別の結果、こういう怖い人たちが多く住んでいる地域で、暴力団山口の七〇％が部落の人らしい。こういう人たちが多く住んでいる地域だから、みんなその地域に住みたがらないし、結婚も避ける』と真顔で発表しました。先生の顔は真っ青になりました。先生が『どのようにしてこれを調べたのか』と聞いたら、生徒は『先生、ウィキにそう書いてありました』と自信満々に答えたそうです。先生が慌ててその間違いを否定しました。」

私は、教育の専門家ではありませんが、このときなぜ先生が「真っ青な顔」にならなければならなかったのか、なぜ「慌ててその間違いを否定」しなければならなかったのか、まったく理解することができません。その生徒がまじめに調べた結果としてこうした発表をしたのであれば、それはその生徒だけではなく、そのクラスの他の生徒、公開授業に参加していた人たちにとって絶好の「同和教育」の機会となったのではないかと思うからです。私がその先生なら、ほんとうにそうなんだろうか、なぜそうなっていたのだろうか、それはそこに住んでいる人たちの責任なんだろうか、今はどうなんだろうか、私たちはそのことをどう受けとめればいいんだろうかということを、その生徒やクラス全体に問いかけて一緒に考える機会としたと思います。

その材料は、生徒が調べたという「ウィキペディア」の記述のなかにもあります。このとき先生が

「真っ青」になり、「慌てて否定」すれば、そのクラスの生徒は、同和の問題はタブーなんだと受けとめることでしょう。またこの先生はどのように「その間違いを否定した」のでしょうか。暴力団のなかにいる「旧同和地区」出身の割合は70％ではないとでも教えたのでしょうか。生徒たちは、それなら何％なのかと心の中で突っ込みをいれるに違いありません。それとも「みんなその地域に住みたがらないし、結婚も避ける」などということはないと否定したのでしょうか。その場合も生徒たちの心には「なぜそうなのか」ともやもやが残ることでしょう。また自分の調査結果を否定された生徒は、なぜ自分の発表が否定されたのかも理解できず、やっぱり本当のことだから先生は慌てたんだと思い続けるかもしれません。

この先生は、「旧同和地区」やその出身者に対してネガティブな印象を与えることなどあってはならないと考えたのかも知れません。しかし、それこそ「偏見」ではないでしょうか。この先生がとった態度は、私には地対協「意見具申」が指摘した「同和問題に関する自由な意見交換を阻害している」ものではないのか、部落問題の解決を遠ざけるものではないのかと思えます。

3. ユーチューブを見てみると

川口さんはさらに続けて、次のように言い、4本の動画を紹介しています。

『ネット時代の部落差別』からの抜粋

「最近は、Youtubeなどの動画が悪質です。実際に部落に行って動画を撮影し、差別的に編集し、アップします。差別的なサイトほどアクセス数が多く、検索上位に表示されます。」

川口さんが紹介している4本のうち3本の動画を確認することができました。そのうちの2本の動画は、「【閲覧注意】東京近郊にある不思議な場所【部落】」「【閲覧注意】四国九州にある不思議な場所【部落】」という同じ製作者のものと思われるものでした。これは少し陰気なBGMとともに、古ぼけた建物や狭い路地などの状況を切り取った映像が続くというものでした。いつ、どこの風景を撮影したものかはわかりませんが、これが【閲覧注意】【部落】というキャプションのもとに流されれば、なるほど「旧同和地区」についてマイナスイメージをもつ人がいるかもしれないなと思わされるものでした。

私もこうした編集の仕方は、当地の現状を正確に伝えていないという点で批判されるべきだと思います。しかし、その内容自体には、直接に「旧同和地区」を蔑視したり、忌避したりする表現があるわけではなく、そうしたことを推奨するものでもありませんでした。製作者の意図はわかりませんが、これを見た人が、直ちに「旧同和地区」全体がそうした状況なんだと思い込み、「旧同和地区」を忌避するようになったり、そこの住民を蔑視したりするようになるとは思えません。

確認できたもうひとつの動画は、「京都最大の被差別部落の今―崇仁地区―」というものです。これはBGMもナレーションもなく、たんたんとごく普通の街角の風景が流されているものです。私は、この映像そのものからは特段のマイナスイメージを感じませんでした。また、この動画は歩きながらの撮影風景がながされているだけで、そこに恣意的な編集が入っているとも感じませんでした。

川口さんが紹介している動画だけでは、ユーチューブ上での部落問題のとり扱われ方はよくわかりませんでした。そこで、あらためてユーチューブで「部落」という言葉で検索をかけてみました。なるほど検索でヒットした動画の多くは、川口さんが指摘しているように「実際に部落に行って動画を撮影」したものでした。その大部分が、「解消法」推進派が厳しく批判している「示現社」というグループが作成した「部落探訪」というもののようです。推進派はこれを差別を扇動《せんどう》する動画だと主張しています。

しかし、実際の動画を見てみると、その多くが「旧同和地区」やその周辺地域の現在の様子を歩きながらたんたんと撮影したものでしかありません。ナレーションも入っていますが、その多くは撮影している場所の様子を確認したり、歴史的ないわれを説明したりするものでした。私はそうした動画があえて「差別的に編集」されているとは思いませんでした。むしろ、私たちが日常的にみる風景とほとんど変わりのない景色が続き、この場所がどうして差別の対象となるのかという疑問を生じさせるようなものが多いように思います。ときおりかつての同和行政や解放運動に批判的なコメントがなされることはありますが、それ自体は差別でもなんでもありません。

私はこうした動画をみた人たちが、「旧同和地区」はやっぱり差別されるに相応《ふさわ》しい地域なんだ、そこの住民は差別されても当然なんだというような感想をもつとは思えませんでした。これを差別を扇動するものとするのは、一方的な見方にすぎないように思います。確かに検索にヒットした動画のなかには、「部落」全体を蔑視するようなものもありましたが、それは多数派ではありませんでした。ちなみにユーチューブではなく、ヤフーの検索サイトで「部落」で動画検索をしてみると（２０１９年12月26日実施）、トップは曹洞宗の啓蒙動画で、上位10本の動画のなかには、先ほど紹介したような動画は含まれてはいませんでした。

ここまでヤフー知恵袋、ウィキペディア、ユーチューブを検証して、インターネット上に「部落差別」があふれているのかを検証してきました。私の結論は、差別的な内容のものもあるが、そうした表現で埋め尽くされているような状況ではないということです。『ネット暴発する部落差別』というのは誇大《こだい》な表現であると思います。

もっともこれは私の感想ですから、私とは違った感想をもつ人もいるかとも思います。当然のことです。みなさんはぜひ自分で検証してみてください。そして、それぞれの立場で議論を重ねてほしいと思います。私は、同和に関することをタブーにするのではなく、そうした対話がごく普通にできる環境をつくることこそが、「新しい差別意識」をなくす道だと思います。

六　なぜ「晒《さら》し」がいけないのか

これまで、インターネット上に「部落差別」があふれているのかということについて検証してきました。必ずしもそうとは言えないというのが、私の結論でした。しかし、こうしたこととは少し違った視点から「解消法」を推進しようとする人たちがとりあげる一連の問題があります。それがインターネット上で、特定の人が「旧同和地区」の出身者であることを指摘することや、ある地域について「旧同和地区」であると特定することをどう考えたらいいのかということです。「解消法」推進派の人たちは、これを「晒《さら》し」とよんでいるようです。

1. プライバシーの侵害は差別ではない

まず特定の個人について、その出身地や経歴などの個人情報を、本人が同意しないだろうと推測される方法でインターネット上で公表するというものがあります。よく指摘されるものに「解放同盟関係人物一覧」があります。その名前のとおり部落解放同盟の関係者の氏名、役職、住所、電話番号などを全国的に網羅《もうら》したものです。

もともとのデータは、「示現社」というグループの主宰《しゅさい》者が作成したもののようです。実際にみてみると、あきれるほど詳細に部落解放同盟の関係者についての個人的な情報を追いかけたものとなっています。この名簿に情報を載せられた部落解放同盟の関係者が、記載の差止と損害賠償の支払いを求めて裁判を起こしています。裁判上でどのような主張の応酬がなされているのかはわかりませんが、私の感覚ではこれはやはり問題ではないかと思います。それは自分に関する個人情報について、どの範囲で、どのような方法で公表するのかは、その人が決めるべきものだからです。他人の手によって自分の望まない方法で個人情報を公表されることは、そうした権利を侵害することになります。

伝え聞くところによると「解放同盟関係人物一覧」を製作した人物は、すでに公表されている情報を集約しただけであるから問題はないと反論しているそうです（この点については、その人物の主張を直接確認できる資料が見つかりませんでした）。しかし、関係者と言われる人たちが、そうした個人情報の公開時に、それが集約されてインターネット上に一覧性の高い方法で住所や電話番号が公開されることまで予測して許容していたとは考えがたいでしょうから、この反論には無理があるように思います。

製作者の意図はわかりませんが、こうした方法での情報の開示は、関係者と言われる人たちの個人情報の保護やプライバシーへの配慮を欠いています。もっとも、これはあくまで個人情報やプライバシー保護の問題であって、そのこと自体が当然に差別性をふくんでいるということにはなりません。ましてや、このことから現実社会に差別意識が蔓延《まんえん》しているとは言えません。この意味での「晒し」が許されないのは、対象とされた人の個人情報をコントロールする権利やプライバシーを侵害するからであって、そのこと自体が差別だからではありません。こうした情報がインターネット上に出回っていることを「解消法」の必要性とを結びつけることはできないと思います。

2.「全国部落調査」をどう見るか

次に指摘されているのは、ある地域が「旧同和地区」だとわかるようにするという問題です。「解消法」推進派の人たちは、動画検討の際に紹介した「部落探訪」以外にも、やはり「示現社」グループが製作した「全国部落調査」を問題にしています。これは歴史的に「部落」と言われた地域の地名・所在地を全国規模で集約し、一覧できるようにしたものですが、「示現社」はこれをインターネット上で公開しています。「解消法」推進派は、これを差別を扇動するものであり、かつての「部落地名総鑑」事件の再現だと厳しく批判しています。

「部落地名総鑑」とは「同和地区」の所在地名を一覧にした書籍の総称です。１９７０年代にこうした書籍をいくつかの企業が購入していることがわかり、就職差別のためにそうした書籍を購入しているのではないかと大問題になりました。部落解放同盟をはじめとする当時の民間運動団体は、「部落地名総鑑」を購入した企業を批判するとともに、世間に出回っている「部落地名総鑑」を回収するよう法務省に求める運動を展開しました。「全国部落調査」はこれと同じではないかと言うのです。

それでは、この「全国部落調査」は、差別を扇動するものなのでしょうか。結論から先に言えば、私はただちにそうであるとは言えないと思います。確かに１９７０年代には「同和地区」の出身者であることを理由として就職を拒否されるということがまだありました。企業が営業活動のために「同和地区」の所在地を知る必要があるとは考えられませんから、当時の状況を考えれば、「部落地名総鑑」を購入すること自体が就職差別につながる可能性を強く有していたと言うことができます。「部落地名総鑑」の製作者も、そうした目的のために利用されることがわかったうえで製作・販売していたはずです。私は当時の状況のもとでは、「部落地名総鑑」は、その存在自体が就職差別（部落差別）のシンボルとなっており、それを発行したり、購入したりすることを批判し、「部落地名総鑑」の回収を求めることを運動の課題とすることは、部落差別はあってはならないものだというメッセージを伝えるうえで効果的だったと思います。

しかし、よく考えてみれば、ある地域がかつて「部落」と呼ばれた地域であったということは歴史的な事実でしかありません。そうした地域の出身者であることを理由にその人を蔑視したり、忌避したりすることには、今ではなんの合理性もありません。そして現実社会ではそうした差別に出くわすことはほとんどなくなってきました。そうであるとすれば、ある地域がかつて「部落」であったことを隠す必要性もないはずです。かつての「部落地名総鑑」は、就職差別などに利用するために製作されたものだからいけないのであって、ある地域がかつて「部落」と呼ばれるところであったと指摘することが、それだけで差別であるとか、差別を扇動するものであると言うことはできません。もしそれが差別であるのなら、ある「部落」の歴史的な変遷をまとめた書籍や、「旧同和地区」を対象としていまだに実施されている同和施策を地区の名前をあげて批判すること、自分がどこそこの「部落」の出身者であることを公表することなども差別であるということになってしまいます。

「全国部落調査」を製作した人物に関連するホームページを見てみると、どうやらその人物は、部落解放同盟の運動方針に強い批判を持っており、どこが「部落」であるのかが隠されていることが、部落解放同盟の権力の源泉になっていると考えているようです（但し、この点についてもその人物の主張を直接に確認できる資料を見つけることはできませんでした）。私はこうした考え方にも一理あると思います。少なくともそうした考え方自体は、差別でもなんでもありません。この人物の本心がどういうものであるのかは私にはわかりませんが、もしそうであるなら差別をすることを目的として製作された「部落地名総鑑」と、今ネットに流されている「全国部落調査」なるものを単純に同一視することはできないように思います。

3. 「全国部落調査」は差別を助長するか

もっとも、「全国部落調査」についてはさらに検討しなければならないことがあります。製作者の意図は別として、そうした情報が出回ることで現実社会で部落差別が増えていくのではないかということです。「全国部落調査」を見て、ある地域がかつての「部落」であったということを知った人物が、そこの住民や出身者を蔑視したり、忌避したりするようになるのではないか、あるいはそれを知った企業が就職差別などをするのではないかということです。そうした心配をする人がいるのはわかります。

しかし、私は、そうした心配が現実化することは、絶無とは言えないとしても、そうそうあることではないと思います。長年にわたる同和行政の実施により「現在では、同和地区と一般地区との格差は、平均的にみれば相当程度是正され」（地対協「意見具申」）ました。それにともない「因習的な差別意識」も急速になくなってきました。「民間運動団体の行きすぎた言動」が下火になるにつれ、「同和問題はこわい問題であり、避けた方が良い」という意識も薄れてきています。また「旧同和地区」には、それ以外の地域から転入してきた人も多くいます。１９９３年に総務省が実施した調査では、「同和地区」住民の過半数が地区外からの転入者でした。２０２０年の今では、「旧同和地区」への転入者がもっと多くなっていることが予想されます。

そうであるのに、そこが江戸時代まで「部落」であったからといって、そのことを理由に突然、その住民を蔑視したり、忌避したりするようになったりするものでしょうか。私には「全国部落調査」が「部落差別」を拡大・助長していくということにリアリティを感じられません。北口さんや川口さんの著作をみても、こうした情報が出回ることで差別が拡大していくことになるという指摘はありますが、こうした情報に触れた人が、なぜ、そこに住む住民を差別するようになるのかという点についての社会科学的な検討はみあたりませんでした。

「解消法」推進派の議論の多くは、どこが「旧同和地区」であるのかを特定すること、特定しようとすることそのものが差別であったり、差別を扇動・助長するものであることを当然の前提としています。しかし、ほんとうにそう言えるのかということが、まず明らかにされなければなりません。この点が明らかにされないのであれば、少なくとも「全国部落調査」のようなものがインターネット上に登場していることは、「解消法」を制定しなければならない理由とはならないと思います。

もっとも、こうした情報が公開されることによって、現に「旧同和地区」に住む住民やその出身者のもつ不安感についてどう考えるのかという問題は残ります。この点については「表現の自由」との関係から難しい問題を含みますので、後で検討したいと思います。

七 「部落差別解消推進法」は部落問題解決の妨げになるのか

これまで「解消法」の制定根拠とされていたインターネット上での「部落差別」がほんとうに深刻化しているのかということについて、おもに「解消法」の推進論者である川口さんの主張にそって検討してきました。私の結論は、少なくとも『ネット暴発する部落差別』というような状況ではないということでした。

しかし、「旧同和地区」やその住民を蔑視したり、忌避していると思われる表現がまったくないというわけではありません。そうであるとすれば、「解消法」にもなんらかの存在意義があるのではないかと思われる方もいるかもしれません。そこで以下では、「解消法」のもつ危険性について具体的に検討したいと思います。

1.「解消法」は何をしようとしているのか

まず「解消法」の構成について確認します。ごく短い法律です。巻末に資料としてあげておきますので、読者のみなさんはぜひ附帯決議もあわせその全体に目をとおしていただきたいと思います。

「解消法」は、まず「目的」（第1条）、「基本理念」（第2条）を示した後に、「国及び地方公共団体の責務」（第3条）として「部落差別の解消に関する施策」の実施をかかげ、ついで「相談体制の充実」（第4条）、「教育及び啓発」（第5条）、「部落差別の実態に係る調査」（第6条）を実施するとしています。

全体に目を通せば、すぐに気がつくことですが、「解消法」には、法律制定の理由となっていたはずの「インターネット上の部落差別」に対応する条文がありません。インターネット上に差別的な表現があふれているということ自体が疑問であることはこれまで見てきたところですが、それを別としても「解消法」は提案理由に対応したものとはなっていません。「解消法」は、「いまや部落差別事件の九九％以上がネット上で発生・発覚している」（『ネット暴発する部落差別』）という状況を直接解決しようとするものにはなっていないのです。

それでは何をする法律なのかというと、部落差別がほとんど確認されなくなってきた現実社会において、「部落差別の解消に関する施策」「相談体制の充実」「教育及び啓発」を行うための法律となっています。このように「解消法」は、提案理由と法律の内容がずれています。これでは「解消法」

はなんのために必要だったのかということがあらためて問われなくてはなりません。

こういうと読者のなかには、「解消法」にインターネット上の「部落差別」に対応する条文がないとしても、部落差別がなくなれば、そうした差別表現もなくなっていくだろうから、それでいいではないかと考える方もいるかと思います。しかし、そう簡単に考えることはできません。それは参議院法務委員会の附帯決議が指摘した危険性や、地対協「意見具申」が指摘した「今日、差別の解消を阻害し、また、新たな差別意識を生む様々な新しい要因」が「解消法」のもとでどうなっていくのかを検討しなければならないからです。

「解消法」は、第3条で、国及び地方公共団体に「部落差別の解消に関する施策を講ずる」ことを規定しています。この「施策」が「旧同和地区」やその住民を対象としてなにか特別な行政措置をおこなうことをいうのであれば、地対協「意見具申」が指摘した「周辺地域との一体性や一般対策との均衡を欠いた事業の実施は、新たに、『ねたみ意識』を各地で表面化させている。このような行政機関の姿勢は、国民の強い批判と不信感を招来している」「個人給付的施策の安易な運用や、同和関係者を過度に優遇するような施策の実施は、むしろ同和関係者の自立、向上を阻害する面を持っているとともに、国民に不公平感を招来している」という状況が再現されかねません。

「解消法」をめぐる国会審議では、「解消法」は予算措置をともなうものではなく、地方公共団体などに具体的な措置をとることを法的に義務づけていないのだから、そうした心配はないと言われていました。なるほど「解消法」第3条は、地方公共団体に対して「施策を講ずるよう努める」ことを求めているだけで、具体的な義務づけをしていません（こうした規定を努力義務規定と言います）。

しかし、だから大丈夫かというとそうではありません。現在、部落解放同盟は、「『部落差別解消推進法』をふまえた地方公共団体での条例づくりは、そうした『部落差別解消推進法』の目的や理念を実現していくためのものである」（「解放新聞」2936号）として、全国各地で「解消法」をもとにした条例づくりの運動を進めています。そして、そこでは「こうした地方公共団体のとりくみをさらに推進するためには、財源確保の課題も重要である」（同前）としています。「解消法」そのものは予算措置のない理念法です。しかし、それをテコとして条例化をすすめることで、地方公共団体に予算措置をともなう施策をとらせていくことが部落解放同盟の戦略となっているのです。

現実に福岡県、奈良県、高知県土佐市、和歌山県湯浅町などで「解消法」にならった条例が制定されています（詳細は、部落問題研究所編『部落問題の解決に逆行する「部落差別解消推進法」』を参照して下さい）。こうした地方公共団体では、部落解放同盟などから、部落差別が存在しているのだから、部落差別の続くかぎり「部落差別の解消」をめざした施策を実施することが条例上の義務として求められることになります。また部落解放同盟は、まだ条例を制定していない地方公共団体に対しても、「解消法」を根拠にその実効化の取り組みを求めることを運動の課題としています。

2. 一部に残された「同和行政」

国の同和行政は2002年3月に終了しました。これにより、多くの地方公共団体では同和行政を終了し、残された課題は共通の問題をもつすべての市民を対象とする一般行政へと移行していきました。そうすることが、部落問題の解決のために必要なことだったからです。ところが一部の地方公共団体では、「旧同和地区」の住民を対象とした特別扱いをいまだに続けています。それは、地対協「意見具申」が指摘した、「個人給付的施策の安易な運用や、同和関係者を過度に優遇するような施策の実施は、むしろ同和関係者の自立、向上を阻害する面を持っているとともに、国民に不公平感を招来している」という状態が続いているということです。

当然、そこには部落解放同盟の圧力がありました。同和行政を終結した地方公共団体は同和行政の根拠法となる法律が廃止されたことをもって、こうした部落解放同盟の圧力に抵抗することができました。そこに、この「解消法」ができたのです。「解消法」の存在は、こうした特別扱いを続けさせることの絶好の口実となります。部落差別を解消するために同和行政を終了した地方公共団体であっても、あらためて「旧同和地区」住民に対する特別扱いの再開を求められることでしょう。

それでは今どのような特別扱いが続いているのでしょうか。わかりやすいのが固定資産税の「同和減免《げんめん》」です。読者のみなさんは、ぜひ一度「同和減免」というワードでネット検索をしてみてください。数多くの地方公共団体で、いまだに「同和」を理由とする「旧同和地区」の住民のみを対象とした固定資産税の減免制度が続けられていることに驚かれるのではないでしょうか。しかも、残念ながら検索でヒットする地方公共団体は、そうした特別扱いをしているうちのごく一部でしかありません。

ところで、みなさんは差別されているからといって、どうして固定資産税を減免しなければならないのかという理由を思いつくことができるでしょうか。生活困窮《こんきゅう》が理由であれば、対象者を「旧同和地区」の住民に限定する必要はありません。固定資産税を減免したからといって部落差別がなくなるわけでもなさそうです。当然、なぜいまだに固定資産税の減免を続けなければならないのかという疑問が生じます。私には、こうした特別扱いは、「同和関係者を過度に優遇するような施策の実施」であるように思えます。こうした特別扱いは、「国民に不公平感」を生みだし、そのことが、「新たな差別意識」をつくりだしていきます。

こうした特別扱いは、固定資産税の減免だけではありません。「同和」を理由とした住民税、保育料、幼稚園授業料などの減免制度をもうけている地方公共団体も存在しています。部落解放同盟を中心とした同和関係団体に特別な補助金を交付している地方公共団体もまだあります。ここでもういちどネット検索に活躍してもらいましょう。

今度は、「部落解放同盟　補助金」というキーワードでの検索です。いくつもの地方公共団体が「部落解放同盟○○協議会補助金交付要綱」などをつくり、部落解放同盟に対して直接に補助金を交付していることが確認できます。これらの補助金は、部落解放同盟が主催する大会、集会、学習会への参加者の報償費、旅費などにあてられているようです。いくらの補助金が支払われているのかが明らかになることは少ないのですが、例えば福岡県飯塚市では、部落解放同盟飯塚市協議会に対して、年間約５６３２万円（２００６年度）の補助金が交付されていたそうです（『人権と部落問題』２０１９年７月号）。こうなると、部落解放同盟の運動の少なくない部分が税金でまかなわれているのではないかとさえ思えてきます。はたして全国では、どれくらいの税金が部落解放同盟に交付されているのでしょうか。

全国的には同和行政が終結したにもかかわらず、「同和」を理由とした特別扱いを続けることの是非が多くの地方公共団体で問題となってきました。そうした際、行政機関の担当者はよく「関係団体と調整がつかない」という言い訳をしているようです。漫然《まんぜん》と続けてきた民間運動団体や一部住民への特別扱いを、いまさら反対を押し切ってまでして打ち切ることはできないということなのでしょう。地対協「意見具申」は、「現在、国及び地方公共団体は、民間団体の威圧的な態度に押し切られて、不適切な行政運営を行うという傾向が一部にみられる。このような行政機関としての主体性の欠如が、公平の観点からみて一部に合理性が疑われるような施策を実施してきた背景となってきた」と指摘していました。「解消法」やその実効化のための条例にもとづいてさまざまな施策を行うことは、私には、その再現に思えてなりません。

3. 部落差別の定義がないことの問題点

こういうと、「考えすぎ、心配しすぎではないか」と思われる読者もおられるかもしれません。しかし、私はそれは単なる杞憂《きゆう》ではないと思っています。「解消法」には、なにが「部落差別」であるのかということについての定義規定がありません（※）。そのことが「解消法」の他の規定とからみあって、民間運動団体などからの要求を行政機関が拒否しづらくするという構造をつくりだしているからです。

※「解消法」に先立って、「ヘイトスピーチ規制法」が制定されました。「解消法」の推進派はこの法律をしばしば引き合いに出します。しかし、同法はなにが規制されるべき差別であるのかについて詳細な定義規定（第2条）をもうけています。この点で「解消法」とはまったく違っています。私は、「部落差別」がなんであるのかを定義しないまま、その解消を求める「解消法」は法律として欠陥があると思います。

〈ヘイトスピーチ規制法第2条〉この法律において「本邦外出身者に対する不当な差別的言動」とは、専ら本邦の域外にある国若しくは地域の出身である者又はその子孫であって適法に居住するもの（以下この条において「本邦外出身者」という。）に対する差別的意識を助長し又は誘発する目的で公然とその生命、身体、自由、名誉若しくは財産に危害を加える旨を告知し又は本邦外出身者を著しく侮蔑するなど、本邦の域外にある国又は地域の出身であることを理由として、本邦外出身者を地域社会から排除することを煽動する不当な差別的言動をいう。

例えば、「解消法」第4条に基づいて、部落解放同盟などの民間運動団体が、「差別」があったと行政機関に相談したとしましょう。部落差別の定義がなければ、行政機関が法律に照らして、「いやそれは部落差別ではない」と主体的に判断することができません。とすれば、よほど荒唐《こうとう》無稽《むけい》な事例でないかぎり、「差別」があったと判断せざるをえなくなっていくことが予想されます。行政機関により「部落差別」があったと認定されれば、差別があったとする人たちは、行政機関に対して「解消法」第3条にもとづき「部落差別の解消に関する施策」を求めることになるでしょう。しかし、部落差別の定義がないのですから、ここでも行政機関は、法律に照らして「それは部落差別の解消のために必要な施策ではない」と拒否することは困難となります。「解消法」6条は、「部落差別の実態に係る調査」を求めていいます。部落差別の定義がありませんから、調査は恣意的なものとなりがちです。やり方しだいでは、いくらでも「部落差別」があるという結論をつくりだすことができます。そうなれば、ますます「部落差別の解消に関する施策」の実施が求められることとなります。

4.「同和」隠しの問題点

また民主主義の観点からすれば、ある行政措置が合理的なものであるのかどうか、ほんとうにその地域に必要ものであるのかどうかについて、議会や市民がチェックできるようになっていなければなりません。ところが同和行政についていえば、そうしたチェックがなかなか働きません。例えば、鳥取県琴浦町で、ある町会議員が議会で、町内の「旧同和地区」に対する固定資産税の減免措置の是非を問うために、どの地域が減免措置の対象となるのかを質問しました。こうした減免措置が合理的なものであるのか、ほんとうに必要なものであるのかを検証するためには、どの地域が対象となっているのかがわからなければなりませんから、議員として当然の質問であったと思います。

ところが琴浦町議会議長は、これを「差別的発言」であるとして議事録からの削除を求めてきたのです。そしてこの議員が削除を拒否すると、今度は琴浦町の教育委員会が、これを「差別事象」だと決めつけ県に報告しました。それは、議員に対する圧力となりました。琴浦町教育委員会が作成した報告書を見ると、この発言があってから報告書が提出されるまでの間に、教育委員会が頻繁《ひんぱん》に部落解放同盟琴浦町協議会と意見交換をしていることがわかります。ここからは、たとえ住民の代表である議会であっても、どこが「旧同和地区」であるのかを議論させないことが部落解放同盟の方針だということが窺《うかが》えます。

琴浦町だけではなく、全国各地の地方公共団体が、どこが同和行政の対象地域であるのかを誰に対してしても秘密にしておくという措置をとっています。これを破ろうとすると差別者として批判されることになります。このため多くの地方公共団体では、議員が具体的な事実をもって同和行政が必要なものであるのかを議会で検証することが困難となっています。ましてや一般市民はなおさらです。こうして同和行政は、一旦実施されると議会や市民からのチェックを受けることのないブラックボックスとなってしまうのです。このように「解消法」やそれにならってつくられた条例は、地対協「意見具申」が指摘した「新しい要因による新しい差別意識」を再び拡大再生産することになる危険性を構造的に有しています。

5. まだある「解消法」の問題点

「解消法」の問題点は他にもあります。これまで述べてきたような同和行政を実施するためには、行政機関としてその対象地域や個人を特定しなければなりません。これはどうしても避けることのできない手続です。しかし、こうした特定をすることは、行政機関がある特定の地域を歴史的に「部落」として差別されてきた地域であり、現在も差別されている地域であると特定することと同じです。またそれは住民の一部を部落差別によって様々な困難を抱えている人物として特定することを意味しています。

行政機関がどこそこの地域は差別されている地域ですよ、あなたは差別されている人ですよと公式に認定することが必要となるのです。このことにより、あらためて「同和地区」の住民と、そうではない地区の住民との間に「部落」というラインが引き直されることになります。また「旧同和地区」の住民のなかには地区外から転入してきた住民も大勢います。総務省の1993年の調査では、「同和地区」全体における「同和関係者」の人数は「41・5%」にすぎないとされていました。仮に個人を対象とする同和行政を実施するとすれば、行政は「旧同和地区」の住民を、さらに同和行政の対象となる住民とそうではない住民とに区別しなければなりません。では行政機関はどうやってこの区別をするのでしょうか。もちろん、行政機関にはそんなことはできません。となれば、かつてそうであったように、民間運動団体の言われるままに同和行政の対象者を特定するということにもなりかねません。

この点は重要なので、先の固定資産税減免制度を材料として具体的に考えてみたいと思います。みなさんの住んでいる市に「○○市同和対策に係る固定資産税の減免措置要綱」があったとしましょう。固定資産税が50%も減免される地方公共団体もあるそうですから、無視できません。これを知ったあなたが自分も減免を受けたいと思って市税課に相談したとしても、自分の住んでいるところが減免の対象地域なのかどうかを市は教えてくれません。どこが対象地域なのかは秘密だからです。あまりにしつこく聞くとあなたは差別者扱いされることになります。

しかし、あなたの市では実際に同和減免を受けている人がいます。つまり、あなたにはわからないこと、教えてもらえないことを、その人たちはなぜか知っているということです。「良識」のあるあなたは、それでも決しておかしなことだなとは思わないのかもしれません。しかし、世の中はあなたのような「良識」ある人ばかりではありません。いったい、どこの、誰が、自分にはない特別扱いを受けているんだ、不公平じゃないかと考えたりはしないでしょうか。そうした人たちも、いずれはどこの誰が特別扱いを受けているのかを知るかもしれません。

心理学に「すっぱい葡萄《ぶどう》の理論」という言葉があります。自分の希望がとおらなかったときに、対象を貶《おとし》めることで気持ちを納めようとする心理的な態度のことを言います。こうした状況にであわせば、「あの人たちは自分たちとは違う特別な人たちだから、かわいそうな人たちだから仕方がない」と自分を納得させる人がいたとしても不思議なことではありません。そして、そうした人たちが自分たちとそれほどかわらない生活をしているとなればどうでしょうか。「旧同和地区」の多くはそうした状況にあります。そうなれば容易に「不公平感」「ねたみ意識」が生まれます。

また、こんなこともありえます。あなたは、数年前に、○○市の○○町に新居を購入して転入してきました。ある日、自分と同じような家に住むお隣さんの固定資産税が自分よりずっと低額であることを知って驚きます。お隣さんから同和減免の制度を教えてもらったあなたは、さっそく市に同和減免を申し込みました。ところがあなたは減免されませんでした。外から転入してきたあなたは同和対策の対象となるべき住民ではなかったからです。お隣さんと自分とは何が違うんだろ、なぜお隣さんだけが優遇されるのか、これからあなたは悶々《もんもん》とした気持ちでお隣さんと付き合っていかなくてはなりません。こうしたことになれば、ここでも「あの人たちは自分たちとは違う特別な人たちだから、かわいそうな人たちだから仕方がない」という気持ちや「不公平感」「ねたみ意識」が生まれてくるかもしれません。

これはなにも固定資産税の同和減免だけで起こることではありません。同じようなことが、同和行政が実施されているさまざまな分野で生じかねないのです。これは「部落問題の解決」にとって望ましいことでしょうか。私にはとてもそうは思えません。同和行政の実施は、行政機関があらたな「同和地区」、あらたな「部落」、あらたな「部落民」を作り出すことと変わりがないように思います。私のみるかぎり、「解消法」の推進派にはこうした点についての問題意識がほとんど見られません。

実は、こうした事態を避ける方法がふたつあります。ひとつは、同和を理由とする特別扱いをすべてやめることです。なにかの理由で行政からの支援が必要な人は、同和を理由とするのではなく「旧同和地区」外の一般市民と同じ制度、同じ基準のもとで必要な支援を行えるようにすればいいのです。いわゆる同和行政の終結です。私はこれをめざすべきだと思います。

この点に関連して興味深い論文がありましたので、ここで紹介します。先に紹介した「人権研究所みえ」の事務局長をされている松村元樹さんのものです（「拡散するネガティブ情報と収斂させてはいけない学びの機会」『部落解放』２０２０年2月号）。

この論文で松村さんは、「部落差別」に関するテレビ番組をとりあげたヤフーニュースへの約１万１０００件のコメントを分析しています。松村さんによると、こうしたコメントの「45・９％」（３４０９件）に「優遇」「利権」「特権」といったワードが含まれていたそうです。松村さんは、これを「同和地区出身者は不当に利益を得ている」という主張だとしています。「利権系」のコメントというそうです。これが最多出現率です。次に多く使われたワードは「教育」「学校」「授業」「風化」などで、出現率が「36・１％」（２６８０件）だそうです。松村さんはこれを「寝た子を起こすな」という主張をするものだとしています。「寝た子系」というそうです。その次が「家賃」「採用」「公務員」「住宅」「就職」「逆差別」などで、出現率は「28・０％」。「逆差別系」というそうです。その次が「出演者や被差別部落出身者の利権という世間では知られていない真実がある」といった主張で、出現率は「28・０％」（８５６件）です。「真実系」というそうです。その後に「都府県系」（10・１％／７５４件）、「コリアン系」（６・２％／４５７件）と続きます。

抽出されたワードからすると、これらのコメントの多くは地対協「意見具申」が指摘していた「新しい要因」に関連するものではないかと思われます。他方で、地対協「意見具申」が指摘する「古い因習的な差別意識」に関連すると思えるコメントはカウントされてはいません。

松村さんは、これらをネガティブ情報であるとし、こうした情報を含む投稿が多数であることから、インターネットで「差別意識や偏見が植え付けられている」と評価しています。なるほどこれらのコメントは、ネガティブ情報なのかもしれません。しかし、そのすべてが根も葉もないまったくのデタラメ話というわけではありません。

私は、ここから読みとるべきは、「旧同和地区」やその住民に対する「古い因習的な差別意識」がほぼなくなってきているのに対して、いまだにつづく同和を理由とした特別扱いが、市民の間に「強い批判と不信」を生みだしているということだと思います。こうした「強い批判と不信」をなくしていくためには、同和を理由とした特別扱いをすべて廃止していかなければなりません。

6. 民主主義の原則からは許されない

先ほど私は、ふたつの方法があるといいました。もうひとつの方法は、一般市民に対して、どこが同和行政の対象となる地区であるのかを隠したまま、そうとは知られないようにして同和を理由とした特別扱いを実施することです。残念ながら、多くの地方公共団体がこうした取扱いをしています。しかし、同和行政は税金で実施されるのですから、この方法は民主主義の原則に反します。また公式には明らかにされなくとも、そうした施策の実施を周辺地域の住民に対して完全に隠すことはできません。人の口に戸は立てられないということです。そのことは、松村さんの調査結果からも明らかです。そして、どこが同和行政の対象となっている地域なのか、どういう人が対象となるのかが隠されたままでは、そうした施策がほんとうに必要なものであるのかを検証する術もありません。それでは地域住民は施策実施の必要性について納得のしようがありません。

そうなると、周辺地域の住民のなかに、なぜあの人たちは特別扱いされるんだ、なぜ自分たちはそうした扱いを受けることができないんだという意識が生まれることをとめることはできません。またこうした特別な行政の実施は、どこが同和行政の対象となっている地域なのか、どこが「同和地区」なのかという周辺地域住民の関心も生みだすことでしょう。そして、そうした関心をもつことや、口にすること自体が、「差別」や「偏見」であるとして批判されることになれば、周辺地域住民の「不公平感」や「ねたみ意識」は潜在化していかざるをえません。地対協「意見具申」は、「同和問題について自由な意見交換ができる環境がないことは、差別意識の解消を妨げている決定的な要因」となっていると指摘しています。同和行政を実施しながら、「同和地区」を隠そうとすることは、差別の解消を妨げる「決定的な要因」を拡大再生産することになります。

7. 永久化する同和行政

「解消法」の推進派は、「部落問題、部落差別があるかぎり同和行政を行わなくてはならない」(『ガイドブック部落差別解消推進法』解放出版社、２０１７年)と主張しています。ところが「解消法」には、部落差別の定義規定がありません。ですから、どうなれば「部落差別のない社会」と言えるのかもわかりません。したがって、民間運動団体が「部落差別」があると言い続けるかぎり、同和行政を続けるということになりかねないのです。それは「旧同和地区」やその住民に対する特別扱いが永遠に続くことを意味します。

さきほど川口さんの著作をとりあげ、そこで指摘されていることの多くが、私には差別的なものとは思えないことを述べました。どちらが正しい評価であるのかは、読者のみなさんに判断してもらうしかありません。しかし、それはさておき、私と川口さんとでは、なにが「部落差別」であるのかについてのとらえ方がまったく違うということだけはご理解いただけるかと思います。このようになにが「部落差別」であると考えるのかは、それぞれの立場、考え方で大きく異なります。そうであるにもかかわらず、部落差別の定義のないまま、行政が「部落差別の解消に関する施策」を続けることは、どうしても恣意的なものになる危険性を有しています。

部落解放同盟が、「確認・糾弾」を「関係者、行政機関などに、差別の本質と当面解決を迫らねばならない課題を深く認識させる場」と位置づけていることを紹介しました。「解消法」は、「確認・糾弾」に加えて、行政機関に「当面解決を迫らねばならない課題を深く認識させる」ための新しい道具になりかねないのです。

8. 同和行政の終結こそ必要

同対審「答申」が指摘した、かつての「低位の状態」はほぼなくなりました。現実社会で「旧同和地区」やその住民に対する蔑視や忌避の態度もほとんど見かけなくなっています。「解消法」推進派が指摘するインターネット上の「部落差別」も、『ネット暴発する部落差別』と言うような状況ではありません。そう考えると「解消法」を制定しなければならない必要性はなかったと思います。

しかも、推進派の議論を見るかぎり、参議院法務委員会の附帯決議が指摘した「部落差別の解消を阻害していた要因」や、地対協「意見具申」が指摘していた「新たな差別」を生みだす危険性に対する「格段の配慮」はまったくと言っていいほどありません。おそらく意識的に無視しているのではないでしょうか。

私は、このまま「解消法」に基づいた施策を全国で実施していくことは、せっかくなくなりつつある部落差別を再び拡大再生産していくことにつながるのではないかと思います。「解消法」は、部落問題の解決の妨げです。部落差別の解消を願うなら、まず「解消法」を廃止すべきであると思います。

読者のみなさんはどうお考えになるでしょうか。

八　「表現の自由」とインターネット上の「部落差別」

日本国憲法は、その第21条で「表現の自由」を保障しています。インターネット上での「差別的表現」をなんらかの方法で規制するとなれば、そうした表現をしようとする人の「表現の自由」との関係が直ちに問題となります。そこでまず、日本国憲法が、なぜ「表現の自由」を保障しているのかを考えてみたいと思います。

日本国憲法第21条
集会、結社及び言論、出版その他一切の表現の自由は、これを保障する。
2　検閲は、これをしてはならない。通信の秘密は、これを侵してはならない。

1．「表現の自由」は何のためにあるのか

芸術家は自分の芸術を見て欲しい、哲学者は自分の思想を語りたい、それほど大げさなものでなくても、人は誰しも自分の考えていること、感じていることを他人に知って欲しい、自分のことを伝えたいという思いをもっているものです。自由にものが言えない社会なんて息苦しいばかりです。日本国憲法は、そうした思いを大切にするために「表現の自由」を保障しようとしました。これを「表現の自由」の「自己実現の価値」と言います。

しかし、「表現の自由」の価値はそれだけではありません。私たちは民主主義社会に暮らしています。それは市民が意見をたたかわせて社会のあり方を決めていくということです。そのためには自由に意見をかわしあえることができなくてはなりません。ときには聞きたくない意見、自分への厳しい

批判にも耳を傾けなければ民主主義社会は成り立ちません。またこうした議論を尽くすことでより正しい結論に近づくことができますし、議論が尽くされていなければ結論が自分の意見と異なったものとなったとき人は納得することができません。これを「表現の自由」の「自己統治の価値」といいます。この「自己統治の価値」という要素は、「職業選択の自由」「営業の自由」などの経済的な自由にはありません。そこで憲法学者の多くが、「表現の自由」を制約する法律は、経済的自由を制約する場合に比べて、より厳しいテストに合格しなければ、憲法違反になると考えています。

こうした考え方を「二重の基準論」「表現の自由の優越論」などと言います。どういうテストが求められるのかは学者によって微妙な違いはあるものの、「表現の自由」に対する制約は、その表現を制限しなければならない明確な理由があり、より緩やかな制限ではその表現による害悪の発生を阻止することができないような場合でなくてはいけない、そして、「表現の自由」に対する規制が表現内容に着目してなされる場合は、その表現がなされることを放置すれば、重大な害悪の発生が明白で、差し迫っている場合でなければならないというのが概《おおむ》ねの共通理解となっています。これは「明白かつ現在の危機」のテストなどと呼ばれています。

また「表現の自由」を制約することが許される場合であっても、制約が許される表現と制約が許されない表現を明確に区別できるようにしなければならないとも言われています。そうでないと、許される表現までが萎縮《いしゅく》してしまいかねないからです。こうした考え方は憲法学者の間では、ごく常識的なものとなっています。しかし、残念ながら多くの政治家はこうした考え方をしていません。また、裁判所も必ずしもこうした考え方を厳格に守っているわけではありません。そうであるからこそ、私は、「表現の自由」の保障を厳格に求める立場にこだわるべきだと考えています。

2．「差別情報」を法律で禁止できるのか

それでは、「全国部落調査」のようなものをインターネット上で公開することを法律で禁止することは日本国憲法上許されるのでしょうか。私は許されないと考えます。こうした規制は表現内容に着目してなされるものです。日本国憲法の考え方からすれば、こうした情報がネット上に流通することで重大な害悪が発生することが明白でなければなりません。しかし、私には、かつて「部落」と呼ばれていた地域がどこであるのかを知った人が、現実社会で突然、そこに住む人たちを差別をするようになるなどということは想定できません。私には、「明白かつ現在の危機」があるとは思えません。したがって、これを禁止する法律をつくることは許されないということになります。

ある論者は、どこが「旧同和地区」であるのかを特定できる情報を「差別情報」と位置づけ、そうした「差別情報」がインターネット上に流通すれば、「もたらす被害は、取り返しのつかない深刻なものがあり、一般的な差別の主張により直接的で重大な被害を関係者に与える可能性が高い」、だから「差別情報をネットワーク上で流通させる者に対しては刑事罰を科してでも効果的な抑制手段が必要である」（浜田純一「インターネットによる差別の扇動」『部落解放研究』１２６号）と主張しています。しかし、この論文では、どのような被害が、どのような経路で、なぜ発生するのか、その可能

性はどの程度あるのかということはまったく論じられてはいません。そうした情報を知った者が「旧同和地区」やその住民に対して蔑視や忌避の感情を強め、差別的な行動をとるようになるなどということはまったく証明されていないのです。私は、これでは「明白かつ現在の危機」のテストをクリアすることはできないと思います。

3. 自由な意見交換が奪われる

また「旧同和地区」を特定できる情報をインターネット上で流通させることが、それだけで犯罪になるとすれば、次のような重大な問題が生じます。

私は、部落問題の解決のためには、一部の地方公共団体で今なお続いている同和行政を終結しなければならないと考えています。私のような立場からすれば、部落問題の解決のためには、不公正・不合理な同和行政をやめさせなくてはなりません。私のように考えている人はたくさんいます。それを実現するためには、たとえば○○地区では、これこれの同和行政がいまだに実施されている、しかし○○地区やその住民の実態からすれば、そうした行政措置は不必要だということを一般市民に広く知ってもらわなくてはなりません。そうした取り組みを進めるためには、インターネットは絶好のツールです。当然、現地調査の結果や、その評価、そうした同和行政が不必要であることをインターネット上で訴えようということになることでしょう。

ところがそれには、浜田さんが「差別情報」だとする情報がおそらく含まれます。そうでなければ説得力をもちません。浜田さんの主張に従えば、同和行政の終結を具体的な事実をもって訴えようとすることが犯罪として処罰されることになります。ある行政措置を続けるべきなのかやめるべきなのかは、そこに住む市民が決めるべきことです。そのためには市民がその判断に必要な情報に自由に触れられることが必要です。どこが対象地域であり、どのような措置が、なぜ実施されているのかは、そのための基本的な情報です。こうした情報をインターネット上で公開することを刑罰で一律に禁止することは、私には民主主義の危機であると思えます。鳥取県琴浦町でのできごとを考えれば、私の心配は決して杞憂《きゆう》ではないと思います。浜田さんは、「差別情報」には、「あえて表現を認めるべき利益が存在しない」としています。私には、これは現実を知らない、あるいは意図的に現実を無視した議論に思えてなりません。

こういうと、すべての「地名情報」の公表を禁止するのではなく、特に差別的なものを禁止すればいいのではないかという反論もあることでしょう。しかし、差別的な「地名情報」の公表と、差別的ではない「地名情報」の公表を、誰が、どのような基準で、どのようにして判断するのでしょうか。「地名情報」の公表が一部でも犯罪となれば、どこが「旧同和地区」かを特定できる情報を公表しようとする者は常に自分の表現行為が許される行為であるのか、犯罪となる行為であるのかの判断を迫られることになります。そうなれば、許される表現であるかもしれないけど、やっぱりやめておこうとなりがちです。日本国憲法の考えかたからすれば、許さるべき表現を萎縮《いしゅく》させるような規制はあってはならないのです。またこうした状況は地対協「意見具申」が指摘した「同和問題の言論について国民に警戒心を植え付け、この問題に対する意見の表明を抑制してしまっている」という事態の再現にほかなりません。これでは、部落問題の解決はどんどん遠ざかっていくことでしょう。みなさんには、ぜひこのことを考えて欲しいと思います。

4.「地名情報」の提供は差別なのか

ここまでは、「地名情報」をインターネット上で公表することを刑罰で禁止することができるのかという議論をしてきました。私の結論は、そうした法律の制定は許されないということでした。それでは、今、部落解放同盟の関係者が、「全国部落調査」の製作者とされる人物に対して申し立てている損害賠償請求、表現行為の差し止め請求などの民事裁判についてはどう考えればいいのでしょうか。これまで議論してきたのは、こうした行為を刑罰をもって法律で一律に禁止することの是非でした。民事裁判は、裁判を申し立てて原告となった人たちと、被告となった人物との個人的な関係を基礎として判断されますから、表現行為を法律で一律に禁止する場合とは違った検討が必要となります（※）。

※私は現在進行中の裁判について、双方の主張やどのような証拠が提出されているのかを知らない部外者が外からあれこれいうことは、慎重でなくてはならないと考えています。ですからここで述べること

は、双方の実際の主張・立証を離れた一般論として読んでいただきたいと思います。

ある表現行為に対して、損害賠償請求や差し止めが認められるためには、まず原告に損害が発生していなくてはなりません。次に、問題とされる表現行為と損害の発生について関連性がなければなりません。そのうえで損害が発生したことについて、行為者に故意または過失が必要となります。少し不正確な表現となりますが、民事裁判になれていない人のためにあえて図式的に言うと、「①損害の重大性×②行為者の意図＝③違法性の程度」といった感じでしょうか。①損害の発生が明らかであれば、②行為者がそのことに過失があるだけで、③重大な違法性が認められます。①損害の発生が軽微であっても、②行為者に積極的な加害の意図があれば、③違法性は重大と評価されます。そして違法性の程度が、行為者の「表現の自由」の保障の必要性を上回れば損害賠償請求や差し止めが認められるといったイメージでしょうか。

民事裁判では、まず原告にどのような被害が発生しているかが問題となります。「解放同盟関係人物一覧」の場合は、そこに登場するAさん、Bさんという具体的な個人の個人情報をコントロールする権利、プライバシーの権利が問題となるのですから、被害の発生はそれなりに明確です。しかし、「全国部落調査」には、Aさん、Bさんは登場していません。「解放同盟関係人物一覧」と「全国部落調査」では、この点が決定的に違います。ときおり、このふたつを混同して論じている人もいるようですが、法律的にはこのふたつは明確に区別して論じられなくてはなりません。したがって、Aさん、Bさんは、まず「全国部落調査」の公開により、自分に被害が生じている、あるいは生じるだろうことを証明しなくてはなりません。

しかし、「全国部落調査」がインターネット上に公表されたことで、Aさん、Bさんという特定の個人に、なにか具体的な被害が発生した、あるいは発生しそうだということを証明することは相当に困難ではないかと想像されます。「全国部落調査」を見た人が、突然、Aさん、Bさんを差別するようになるということはなかなか考え難いからです。被害の発生が証明できなければ、Aさん、Bさんの請求は認められません。そこで、Aさん、Bさんとしては、「全国部落調査」がインターネット上に公表されることで、差別されるかもしれないという不安感をもつことになった、これが被害であると主張することが考えられます。こうした不安感が被害として認められるのであれば、現実に差別される可能性があるかどうかは関係ありませんから、Aさん、Bさんの主張が認められる可能性も生まれてきます。

しかし、私は、こうした不安感をただちに損害賠償や差し止めを認めるにたる被害だとすることには躊躇《ちゅうちょ》を覚えます。というのは、こうした不安感は、「全国部落調査」に限らず、「旧同和地区」を特定しうるあらゆる情報の提供についても発生するからです。こうした不安感が生じることを理由に損害賠償請求や差し止めが認められるのであれば、それこそ具体的な地区名をあげて、ある地域の不合理な同和行政の廃止を求める市民運動も損害賠償や差し止め請求の対象となりかねません。ある人の住んでいるところを「旧同和地区」であると指摘する点では、そうした場合と「全国部落調査」とでかわるところがないからです。そうしますと、こうした表現を刑罰で禁止しようとするのと同じ弊害《へいがい》が生まれてきます。それは部落問題の解決を遠ざけます。ですから私は、仮にAさん、Bさんの主張を認めるとしても、それは「全国部落調査」を公表した人物に、Aさん、Bさんに対する積極的な加害の意図が認定できるような場合に限定すべきであると考えています。不安感を訴えているAさん、Bさんには申し訳ありませんが、「表現の自由」の保障はそれほど厳格なものでなくてはなりません。

ときおり「全国部落調査」のような「旧同和地区」の所在を特定する情報は、専門家による研究を別とすれば、差別するための資料とする以外に利用方法がないなどと言われることがあります。そこには保護すべき価値はないと言いたいのだと思います。浜田さんの「あえて表現を認めるべき利益が存在しない」という意見も同じことを言いたいのでしょう。

しかし、私は必ずしもそうは思いません。例えば、私は、「全国部落調査」をみることで、私のごく身近な地域が歴史的に「部落」と言われていたところであることを知りました。しかし、そこは「同和地区」には指定されてはいませんでした。今ではその地区の住民のなかに、そこが「部落」であったと考える人などいません。地区の外から「部落」だと言われるようなこともありません。逆に歴史的には「部落」ではなかった地域が「同和地区」に指定されたことで、「差別」の対象となったこともわかりました。そうした逆転現象があることは知ってはいましたが、歴史的資料で自分のごく身近にそうしたことが実際にあったことを知ることで、私は、部落差別がほんとうにナンセンスで意味のないものであること、今なお残る部落差別の少なくない部分が実は人為的に作られてきたものであることをあらためて実感することができました。他にもそうした地域はいくつもあるようです。かつて「部落」であったとしても、今ではまったくそうしたことを感じさせない地域が身近にあることもわかりました。こうしたことを確認し、自分の知見を深めることは、けして差別するための資料として利用するものではないと思います。

製作者の意図を離れて考えてみれば、「全国部落調査」のようなものであっても、当然に差別するための資料以外の利用方法がないというのは思い込みではないでしょうか。

九　それではどうすればいいのか

これまで「解消法」の制定根拠となっていた「情報化の進展に伴って部落差別に関する状況の変化が生じている」（「解消法」第1条）という認識が、実際の状況とは随分と違っていること、「解消法」はそうした「状況」に対応するものではないこと、参議院法務委員会の附帯決議が指摘した危険性が現実化することを避けるための手立てがなにもとられていないこと、地方公共団体によるあらたな同和行政が実施されれば、地対協「意見具申」が指摘した「新しい差別意識」があらためて生みだされかねないことなどを検討してきました。

私の結論は、「部落差別のない社会を実現する」という「解消法」の目的を実現するためには、「解消法」を廃止すべきであるということです。みなさんはどうお考えになったでしょうか。もっとも、「解消法」は問題だとしても、まだまだ部落差別はあるじゃないかと考える人たちは、私の結論には満足できないと思います。「解消法」が廃止されたからといって、部落差別がなくなるわけではないからです。そこで、ここではどうすれば「部落差別のない社会の実現」ができるのかを私なりに考えてみたいと思います。

1. 私たちはどんな社会をめざすのか

まず考えたいのは、私たちがめざすべき社会はどういう社会なのか、部落問題の解決とはどういうことなのかということです。それは、「旧同和地区」やその住民に対する蔑視や忌避の意識をもつ人が1人もいない社会でしょうか。私はこうした社会の実現を目標にすべきではないと考えています。ある人に差別意識があるかどうかは、個人の内心に踏み込まなければわかりません。こうした社会の実現を目標とすれば、行政や法律が個人の内心にまで踏み込んでいくことになります。そうなれば、そのための取り組み自体が、あらたな偏見や忌避の意識を生みだすことになりかねません。

私がイメージする部落問題の解決とは、あそこは「部落」だったとか、なかっただとかいうことが、単なる昔話としてしか話題にならないような社会になることです（※）。そして、仮にある種の偏見から「旧同和地区」の関係者に対して差別的な言葉をかけたり、差別的な対応をする人がいたとしても、そうしたことが恥ずかしいことだということが社会の常識となり、まわりの市民がそうした言動をたしなめることのできる社会になることです。それでは、こうした社会はどうすればできるのでしょうか。

※「旧同和地区」とそれ以外の地域、そこに住む住民とそれ以外の地域の住民との間にはなにひとつの違いもない。こう言うと多くの人がそのとおりと思うことでしょう。ところが、今の日本社会には「部落」も「部落民」も存在していないと言うと不思議そうな顔をされる方が少なくありません。しかし、このふたつは同じことの別の表現です。

日本社会に「武士階級」がいないのと同じように、「部落民」も存在していません。存在しないものをあたかも存在しているかのように扱えば大きな歪みが生じます。「部落」や「部落民」など存在していないことがわかれば、部落差別がいかに不合理で理由のないものであるかもよくわかります。私は、部落問題に関心をよせるすべての人が、「部落」も「部落民」も存在していない、これを議論の出発として欲しいと思っています。

「旧同和地区」やその住民が、ただそれだけで忌むべき存在であるという「昔ながらの非合理な因習的な差別意識」（地対協「意見具申」）は、ほとんど見られなくなっています。このことは「旧同和地区」への地区外からの転入者が増えていることや、「旧同和地区」出身者以外の者と結婚するカップルが増えていることからも裏付けられます。また川口さんも、数多くの講演を行った経験から「もう今の若者にとっては、部落差別は昔の話、身近に感じない」という感想を述べています（『ネット時代の部落差別』）。これは現代の若者が、現実社会で部落差別に出くわすことがほとんどないということを示しています。

しかし、「旧同和地区」はなんとなく「こわい」ところだという気持ちや、「旧同和地区」の住民に対する「ねたみ意識」などは完全になくなったわけではありません。そのことは私のヤフー知恵袋調査や松村さんの調査からも窺《うかが》えます。ただここで考えなくてはならないのは、なぜこうした意識がいまだに残っているのかということです。

私が仕事をしている大阪では、どういう脈絡《みゃくらく》かにかかわらず、「部落」という言葉を口にすること自体がはばかられるという雰囲気がいまだにあります。私（50代）より上の世代のなかでは特にそうです。そうした気持ちは、多かれ少なかれ部落解放同盟などによって行われた「確認・糾弾」と結びついています。ある部落解放同盟の活動家は、あれは昔のこと、今ではそんなことはないと言っていました。なるほど、私も昔のような暴力的な「確認・糾弾」がいまでも行われているとは思いません。しかし、部落解放同盟は、これまで「確認・糾弾」路線が誤りであったと認めたことはありません。人の記憶はそう簡単に消え去るものではありません。なにかの拍子に「部落」のことが話題となった際に、そうした記憶が語り直されることもあることでしょう。私は、市民のなかに残る「旧同和地区」がこわいという感情をなくしていくためには、部落解放同盟が「確認・糾弾」路線の誤りを認めて、公式に謝罪することが不可欠だと思っています。

国の同和行政は、２００２年３月に終結しました。それとともに多くの地方公共団体で「旧同和地区」やその住民を対象とした特別扱いはなくなりました。しかし、一部の地方公共団体ではいまだに一般行政の枠組みのなかで「旧同和地区」や民間運動団体を特別扱いする隠れた同和行政が続いています。「解消法」がつくられたことで、推進派はそれを条例化し、恒久的なものとしようという運動をはじめています。これを放置すれば、市民の中の「ねたみ意識」が強まっていくことでしょう。それは「部落差別のない社会」の実現を妨げます。松村さんの調査も、このことを裏付けています。

このブックレットの読者のなかに、もし部落解放同盟の関係者の方がおられれば、ぜひ仲間たちと、自分の住む地域にはどんな隠れ同和行政が続いているのか、それはほんとうに続けなければならないのか、それを続けることが地区外の住民の目にどう映るだろうかということを話し合って欲しいと思います。部落解放同盟が、行政に対して残された同和行政の完全な終結を求める運動を始めれば、市民にあたえるインパクトは大きいものがあります。それはまだ市民のなかにある、そしてインターネット上でみられる「旧同和地区」への偏見や「ねたみ意識」に対する最大の反論になることでしょう。いかがでしょうか。

2. 自由な意見交換ができる環境の実現を

残された問題は、「差別意識の解消の促進を妨げている決定的な要因」である「同和問題について自由な意見交換ができる環境がないこと」（地対協「意見具申」）をどう克服するかです。私は、「部落」に関する情報を市民に隠したままでは、「同和問題について自由な意見交換ができる環境」

はいつまでたってもできないと思っています。かつて「部落」と呼ばれた地域であっても、現在では、それ以外の地域となにも変わるところがありません。私は、そのことが市民に正しく伝われば、「旧同和地区」がおよそ差別されるいわれのない地域であること、「旧同和地区」やその住民に対する蔑視や忌避の意識がいかに不合理なものであるかを示す生きた教材となるのではないかと思います。

私には、「全国部落調査」を作成し公表した人物の意図はわかりません。しかし、仮に部落解放同盟の関係者が、民事裁判に勝利したとしても、社会に一定のインパクトを与えはするでしょうが、インターネット上に流出した情報をすべて回収することは物理的には不可能です。インターネット上に登場するそうした情報を探し続け、たたき続けたところで状況が変わるとも思えません。そうであるとすれば、「地名情報」を隠したり、タブー視するのではなく、部落差別が不合理であることを積極的に訴える機会としたほうがいいのではないでしょうか。

こうした私の意見に対しては、部外者による傍観者的意見だとの批判があると思います（※）。当然の批判です。そうであるからこそ私は、部落解放同盟や人権連といった部落問題の解決を課題としてきた運動団体が、どうすれば「同和問題について自由な意見交換ができる環境」を作ることができるのかという点から、「全国部落調査」のようなものに対してどのような態度をとるべきなのかを自ら深く検討し、市民とともに考えるという視点をもって欲しいと強く願っています。

※「足を踏まれた者の痛みは、足を踏まれた者にしかわからない。」これは、部落解放運動のなかで繰り返し語られてきた言葉です。部落差別の苦しみは「部落」の者にしか理解できないのだから、部外者

は口を出すな、私たちの苦しみがわからないのは、お前が差別する側の人間だからだ、こうした意味合いで使われてきました。この言葉は、差別はいけないことだと素朴《そぼく》に考える人たちから、自分で考える力、批判する力を奪う魔法の言葉となりました。差別する側である自分たちは、差別されている人たちに従うことでしか、差別者であることから逃れられないというわけです。

それは同時に同和の問題をタブーにすることにもなりました。私は、こうした「差別者・被差別者」という発想や、同和のタブーがなくならない限り、部落問題の解決はないと考えています。それがこのブックレットを書こうと考えた動機となりました。

私は、「部落差別」があってはならないことだという意識や、「旧同和地区」住民をあからさまに蔑視したり忌避するような態度をとることが恥ずべきことであるという意識は、市民社会の常識として深く根付いていると思っています。もちろんなんらかの偏見や誤解から差別的な言動をする人もときにはいるでしょう。しかし、それは「解消法」のような特別な立法をまたずとも、市民間の相互批判により解決していけるところまで日本社会は育ってきているとも感じています。「解消法」やその条例化はかえって逆効果です。

「部落差別のない社会の実現」は誰しもが思うことです。しかし、そのためには、何をしなければならないのか、そして、なにをしてはならないのかを慎重に考えなければなりません。このブックレットがそのためのヒントになれば幸いです。

資料　部落差別の解消の推進に関する法律（2016年12月16日公布 法律番号109）

（目的）

第一条　この法律は、現在もなお部落差別が存在するとともに、情報化の進展に伴って部落差別に関する状況の変化が生じていることを踏まえ、全ての国民に基本的人権の享有を保障する日本国憲法の理念にのっとり、部落差別は許されないものであるとの認識の下にこれを解消することが重要な課題であることに鑑み、部落差別の解消に関し、基本理念を定め、並びに国及び地方公共団体の責務を明らかにするとともに、相談体制の充実等について定めることにより、部落差別の解消を推進し、もって部落差別のない社会を実現することを目的とする。

（基本理念）

第二条　部落差別の解消に関する施策は、全ての国民が等しく基本的人権を享有するかけがえのない個人として尊重されるものであるとの理念にのっとり、部落差別を解消する必要性に対する国民一人一人の理解を深めるよう努めることにより、部落差別のない社会を実現することを旨として、行われなければならない。

（国及び地方公共団体の責務）

第三条　国は、前条の基本理念にのっとり、部落差別の解消に関する施策を講ずるとともに、地方公共団体が講ずる部落差別の解消に関する施策を推進するために必要な情報の提供、指導及び助言を行う責務を有する。

２　地方公共団体は、前条の基本理念にのっとり、部落差別の解消に関し、国との適切な役割分担を踏まえて、国及び他の地方公共団体との連携を図りつつ、その地域の実情に応じた施策を講ずるよう努めるものとする。

（相談体制の充実）

第四条　国は、部落差別に関する相談に的確に応ずるための体制の充実を図るものとする。

２　地方公共団体は、国との適切な役割分担を踏まえて、その地域の実情に応じ、部落差別に関する相談に的確に応ずるための体制の充実を図るよう努めるものとする。

（教育及び啓発）

第五条　国は、部落差別を解消するため、必要な教育及び啓発を行うものとする。

２　地方公共団体は、国との適切な役割分担を踏まえて、その地域の実情に応じ、部落差別を解消するため、必要な教育及び啓発を行うよう努めるものとする。

（部落差別の実態に係る調査）

第六条　国は、部落差別の解消に関する施策の実施に資するため、地方公共団体の協力を得て、部落差別の実態に係る調査を行うものとする。

衆議院法務委員会附帯決議（２０１６年11月16日）

政府は、本法に基づく部落差別の解消に関する施策について、世代間の理解の差や地域社会の実情を広く踏まえたものとなるよう留意するとともに、本法の目的である部落差別の解消の推進による部落差別のない社会の実現に向けて、適正かつ丁寧な運用に努めること。

参議院法務委員会附帯決議（２０１６年12月8日）

国及び地方公共団体は、本法に基づく部落差別の解消に関する施策を実施するに当たり、地域社会の実情を踏まえつつ、次の事項について格段の配慮をすべきである。

一　部落差別のない社会の実現に向けては、部落差別を解消する必要性に対する国民の理解を深めるよう努めることはもとより、過去の民間運動団体の行き過ぎた言動等、部落差別の解消を阻害していた要因を踏まえ、これに対する対策を講ずることも併せて、総合的に施策を実施すること。

二　教育及び啓発を実施するに当たっては、当該教育及び啓発により新たな差別を生むことがないように留意しつつ、それが真に部落差別の解消に資するものとなるよう、その内容、手法等に配慮すること。

三　国は、部落差別の解消に関する施策の実施に資するための部落差別の実態に係る調査を実施するに当たっては、当該調査により新たな差別を生むことがないように留意しつつ、それが真に部落差別の解消に資するものとなるよう、その内容、手法等について慎重に検討すること。

杉島　幸生（すぎしま　ゆきお）

1964年兵庫県西宮市に出生。大阪市立大学卒業後、1997年に弁護士登録（大阪弁護士会）、同時に関西合同法律事務所へ入所。

現在、自由法曹団常任幹事・部落問題委員会所属、日本労働弁護団常任幹事、民主法律協会常任幹事。

共著に、『憲法９条改正問題と平和主義』（信山社、2010）、『教員の権利ハンドブック』（旬報社、2012）、『部落問題の解決に逆行する「部落差別解消推進法」』（部落問題研究所、2020）

インターネット上に「部落差別」はあふれているのか
―「部落差別解消推進法」を検証する―

2020年6月30日　初版印刷・発行

著　者　杉島幸生
発行者　梅田　修
発行所　部落問題研究所

京都市左京区高野西開町34―11
TEL 075(721)6108　FAX 075(701)2723

ISBN978-4-8298-1084-2